맹이샘의 초등 사고력 논술

교실 속 문제해결력 수업을 그대로 담았다

맹이샘의 초등 사고력 논술

초판 발행 2025년 7월 22일

지은이 이명희(맹이샘) / **펴낸이** 김태헌
총괄 임규근 / **팀장** 권형숙 / **책임편집** 김희정 / **교정교열** 박정수 / **디자인** 디박스 / **일러스트** 이황희(헬로그)
영업 문윤식, 신희용, 조유미 / **마케팅** 신우섭, 손희정, 박수미, 송수현 / **제작** 박성우, 김정우

펴낸곳 한빛라이프 / **주소** 서울시 서대문구 연희로2길 62
전화 02-336-7129 / **팩스** 02-325-6300
등록 2013년 11월 14일 제25100-2017-000059호 / **ISBN** 979-11-94725-17-6 73710

한빛라이프는 한빛미디어(주)의 실용 브랜드로 우리의 일상을 환히 비추는 책을 펴냅니다.

이 책에 대한 의견이나 오탈자 및 잘못된 내용에 대한 수정 정보는 한빛미디어(주)의 홈페이지나 아래 이메일로
알려주십시오. 파본은 구매처에서 교환하실 수 있습니다. 책값은 뒤표지에 표시되어 있습니다.

한빛미디어 홈페이지 www.hanbit.co.kr / **이메일** ask_life@hanbit.co.kr / **인스타그램** @hanbit.pub

---

Published by HANBIT Media, Inc. Printed in Korea
Copyright © 2025 이명희&HANBIT Media, Inc.
이 책의 저작권은 이명희와 한빛미디어(주)에 있습니다.
저작권법에 의해 보호를 받는 저작물이므로 무단 복제 및 무단 전재를 금합니다.

지금 하지 않으면 할 수 없는 일이 있습니다.
책으로 펴내고 싶은 아이디어나 원고를 메일(writer@hanbit.co.kr)로 보내주세요.
한빛라이프는 여러분의 소중한 경험과 지식을 기다리고 있습니다.

제품명 맹이샘의 초등 사고력 논술 | **대상연령** 8세 이상 | **제조사명** 한빛미디어(주)
제조년월 2025년 7월 | **제조국** 대한민국 | **주소** 서울시 서대문구 연희로2길 62 | **연락처** 02-336-7129
⚠ **주의사항** 책의 모서리에 다치지 않게 주의하세요 ※ KC마크는 이 제품이 공통안전기준에 적합하였음을 의미합니다.

10살이라면 논술을 시작할 때

맹이샘의 초등 사고력 논술

교실 속 문제해결력 수업을 그대로 담았다

이명희(맹이샘) 지음

HB 한빛라이프

머리말 1
어린이에게

반짝이는 너의 생각이 미래가 될 거야

눈을 감고 여러분의 미래 모습을 떠올려 보세요. 무슨 일을 하고 있나요? 어떤 모습을 하고 있고, 어떤 표정을 짓고 있나요? 즐겁고 활기찬 표정으로 일에 몰두해 있는 모습일까요, 여유롭고 느긋한 마음으로 하루하루 소소한 즐거움을 누리는 모습일까요? 선생님은 교실에서 수업을 할 때 아이들에게 이런 질문을 자주 던져요. 그럴 때마다 아이들은 제각기 다른, 재미있고 멋진 이야기를 들려주죠.

누군가는 과학자가 되고 싶다고 말하고, 누군가는 아이돌, 셰프, 유튜버 혹은 사장님이 되고 싶다고 말해요. 모두 다른 꿈을 꾸지만 한 가지 공통점이 있어요. 바로 '빛나는 내일'을 바라본다는 거예요. 반짝이는 눈으로 꿈을 말하는 아이들을 보면 진심으로 응원하게 돼요. 그리고 아이들이 그 꿈에 조금 더 가까워지도록 도와주고 싶다는 마음이 함께 들죠.

그래서 이 책을 만들었어요. '어떻게 하면 아이들이 꿈을 이루는 데 힘이 되어 줄 수 있을까?', '어떤 방법이 가장 효과적이고 도움이 될까?' 오랫동안 고민하며, 마침내 이 책을 쓰게 되었답니다. 선생님이 알려 주고 싶은 건 단 하나예요. 세상을 다르게 보는 힘. 그게 바로 '문제를 해결하는 힘'이에요.

같은 세상에서 살고 있어도, 어떤 사람은 그 안에서 기회를 발견해요. 어떤 사람은 남들이 놓친 문제를 찾고, 누구도 생각지 못한 방식으로 해결하려고 해요. 유튜버, 셰프, 기업가, 의사, 아이돌… 세상에서 빛나는 꿈을 이뤄 낸 사람은 모두, '어떻게 하면?'이라는 질문을 끊임없이 던지고 스스로 답을 찾아간 사람들이에요.

처음엔 쉽지 않아요. 이미 있는 아이디어를 따라 하거나, 평범하고 흔한 생각밖에 떠오르지 않을 수도 있어요. 하지만 괜찮아요. 생각은 뇌 속 근육이에요. 연습할수록 단단해지고 커져서 더 멋진 생각을 떠올릴 거예요.

이 책에는 여러분이 문제를 발견하고, 문제를 해결하는 눈을 키울 수 있는 흥미로운 주제가 가득 담겨 있어요. 상상하고, 연결하고, 질문하고, 바꿔 보는 연습을 함께 하다 보면 어느새 여러분의 머릿속은 누구보다 반짝이는 아이디어로 가득찰 거예요.

이 책은 여러분의 아이디어 노트예요. 자유롭게 쓰고, 그리며, 때론 엉뚱하게 상상하고 도전해 보세요. 책에 나온 활동을 하나하나 해 보는 것도 멋진 일이지만, 책의 범위를 넘어서 자신만의 생각을 더 펼쳐 보고 싶을 때가 올 거예요. 예를 들어 어떤 주제를 더 깊이 탐구하고 싶거나, 책에 나오지 않은 새로운 문제가 떠오를 수도 있어요. 그럴 때는 여러분만의 '아이디어 노트'를 따로 만들어 보세요. 이 책을 따라가며 생각을 키우는 것만으로도 대단하지만, 그 이상을 해낸다면 여러분의 생각은 더욱 빛날 거예요. 자, 이제 준비되었나요? 선생님과 함께 재미있는 생각의 세계로 떠나 봐요!

지금, 이 순간에도 치열하게 꿈꾸고, 생각하며 나아가는
사랑하는 제자들에게 따뜻한 응원을 보냅니다.
그리고 세상에서 가장 사랑하는 나의 아들,
종현이에게 이 책을 바칩니다.

머리말 2

부모님에게

공부 잘하는 아이보다 문제를 해결하는 아이

저는 학창 시절에 정말 열심히 공부했습니다. 고등학생 시절에는 놀아 본 기억이 하나도 없을 정도예요. 그러나 원하던 대학에 진학하지 못했고, 재수를 했는데도 끝내 그 학교에 갈 수 없었습니다. 오로지 대학 간판만 보고 달렸던 저는 정작 꿈을 꿀 시간도, 진로에 대해 고민할 시간도 없었습니다. 결국 성적에 맞춰 선택한 학교와 전공은 제게 낯설고, 관심도 없던 분야였습니다.

대학 졸업 후, 잠시 진로를 다시 모색하는 시간을 가졌습니다. 그 시기에 우연히 시작한 일이 학원 강사였습니다. 처음엔 임시방편이었지만, 아이들을 가르치는 일이 점점 재미있어졌고 더 잘하고 싶어졌습니다. 아이들의 성장을 가까이에서 지켜보며 제 강점과 흥미를 발견한 것입니다. 그 경험은 제게 큰 전환점이 되었습니다. 제 적성을 확신한 순간 다시 수능을 준비해 교대에 진학했고, 임용 고시에 합격해 초등 교사가 되었습니다.

제가 교사가 되어 하고 싶었던 교육은 오직 하나였습니다. '아이들의 미래를 준비하는 교육을 하자!' 수많은 책과 논문을 읽고 연구하다 보니 공통으로 강조하는 것을 찾을 수 있었습니다. 바로 '문제해결'입니다.

수업하다 보면 미래에 어떤 아이가 경쟁력이 있을지 보입니다. 공부는 잘하지만 아이디어가 부족해 프로젝트 활동에 적극적으로 참여하지 못하는 아이가 있는가 하면, 학업 성취도는 조금 낮아도 뛰어난 아이디어를 제시하고 재치 있는 문구나 포스터 등을 만들어 내는 아이도 있습니다. 누구나 설득될 만큼 발표를 잘 해내는 아이도 있습니다.

저는 아이들과 동아리를 만들어 공모전에 참여하곤 합니다. 이때는 단순히 학업 성취가 높은 아이가 아니라, 문제를 파악한 후 해결할 수 있는 결과물을 만들어 내는 아이를 선발합니다. 공부를 더 잘하고 덜 잘하고는 몇 문제 차이에 불과하지만, 창의적으로 문제를 해결해 내는 능력은 핵심 경쟁력이기 때문입니다.

아이들이 어른이 되어 살아가는 세상은 지금과는 완전히 다른 세상입니다. 빠르게 바뀌는 세상에 맞춰 고입이나 대입 전형도 발 빠르게 대응하고 있습니다. 고입이나 대입 전형에서조차 더 이상 주어진 지식과 정보를 습득하여 시험만 잘 보는 사람을 원하지 않습니다. 스스로 문제를 발견하고 창의적으로 해결하는 능력을 어떻게 아이들에게 심어 줄 수 있을지 고민하고, 그렇게 고민한 결과를 전형에 반영합니다.

다행히 이러한 문제해결력은 훈련을 통해 충분히 기를 수 있습니다. 저는 예전부터 매년 학급 특색 활동으로 문제해결력을 기르는 연습을 했고, 아이들은 눈에 띄게 성장했습니다. 많은 학부모가 성장한 아이들을 보며 뭉클하다는 이야기를 하실 정도입니다. 이 책은 제가 직접 만나지 못하는 학생들을 위해 쓴 책입니다. 흥미롭고 다양한 주제들에서 문제를 발견하고 해결책을 고민하며 글로 정리하는 과정을 반복하다 보면, 번뜩이는 아이디어가 샘솟을 것입니다. 더 나아가 일상에서 남들이 놓치는 문제도 끊임없이 발견해 낼 것입니다.

이 책에 담긴 제 진심이 부모님에게 전해지길, 이 책이 우리 아이들의 미래에 작지만 중요한 디딤돌이 되길 간절히 바랍니다.

이 책의 구성

이 책은 실생활에서 아이들이 겪을 수 있는 다양한 문제에 대해 스스로 생각하고 해결책을 떠올릴 수 있도록 돕습니다. 책에서는 '왜 이건 이럴까?', '어떻게 하면 더 나아질 수 있을까?'라는 질문을 던집니다. 아이들은 그 질문에 답하는 과정에서 문제를 인식하고 창의적인 아이디어를 떠올리는 힘을 기를 수 있습니다. 모든 활동은 다음 4단계로 구성되어 있습니다.

문제 상황 살펴보기

실제로 일어날 수 있는 문제 상황을 이야기나 사례로 소개합니다. 아이들은 그 상황을 읽으며 공감하고, 문제의 본질을 생각할 수 있습니다.

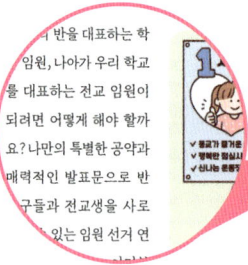
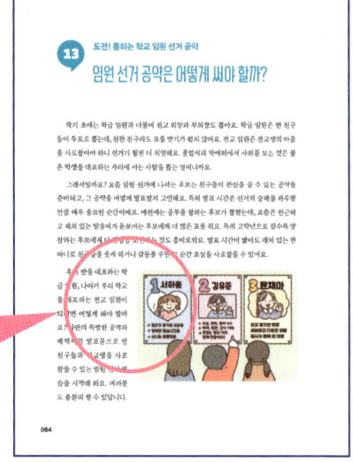

도움 자료 읽고 생각 확장하기

각 주제에는 아이디어를 확장할 수 있도록 도와주는 참고 자료가 함께 제공됩니다. 뉴스나 기술에 관한 정보, 유튜브 영상, 선생님의 경험, 실제 수업 사례 등 아이들의 눈높이에 맞춘 흥미로운 자료들입니다.

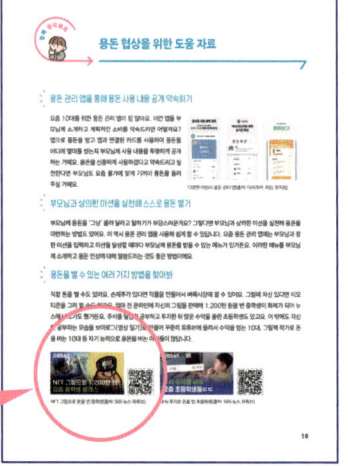

아이디어 떠올리고 정리하기

질문을 따라 문제를 바라보며 떠오른 생각들을 자유롭게 적고, 그림이나 키워드로 표현해 봅니다. 가장 좋은 아이디어를 골라 정리하고, 재미·독창성·실현 가능성 등을 스스로 평가하며 생각을 구체화합니다. 이 과정을 통해 아이들은 자신만의 해결책을 발견하고 선택하는 힘을 기를 수 있습니다.

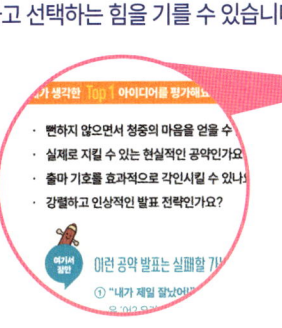
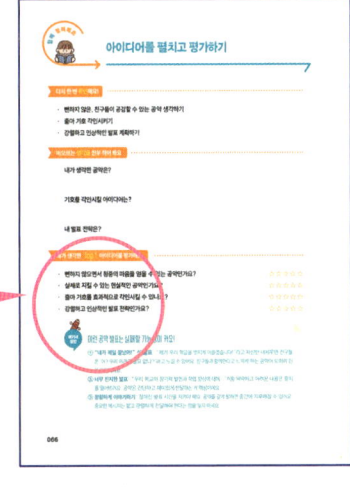

나만의 아이디어를 글로 써 보기

아이디어를 '문제 상황 → 해결 아이디어 → 아이디어의 장점' 순으로 구조화하여 글로 표현해 봅니다. 글쓰기 예시를 바로 아래에 담아 아이들이 부담 없이 생각을 정리할 수 있도록 돕습니다.

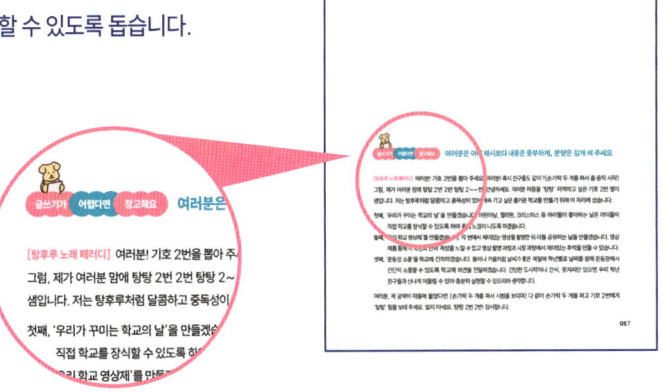

이 책은 단순히 글쓰기를 연습하는 하는 책이 아니에요. 스스로 생각하는 힘, 문제를 발견하는 눈, 기발한 아이디어를 떠올리는 창의력, 생각을 글로 멋지게 표현하는 능력을 키울 수 있게 도와주는 책이에요. 글을 얼마나 잘 쓰는지는 중요하지 않아요. 세상에 어떤 문제가 있는지 궁금해하고, 그 궁금증을 해결해 보려는 여러분의 용기가 훨씬 더 소중하답니다. 가끔은 엉뚱하고 특별한 생각이 훨씬 멋질 수 있어요. 여러분의 자유롭고 반짝이는 아이디어를 마음껏 펼쳐 보세요. 선생님이 언제나 응원할게요.

이 책의 차례

머리말 1. 어린이에게	4
머리말 2. 부모님에게	6
이 책의 구성	8

1부 가정

01	오늘 밤도 계속되는 음식의 유혹 야식을 어떻게 해야 끊을 수 있을까?	14
02	사고 싶은 물건은 느는데 용돈만 제자리 부모님과 용돈을 협상해 볼까?	18
03	표지부터 따분하고 지루한 문제집 문제집을 재미있게 만들 수는 없을까?	22
04	세상에는 온통 부모님용 가전뿐 10대용 가전을 만들어 볼까?	26
05	가족 목소리로 보이스 피싱을 한다고? 보이스 피싱 피해를 막는 가족 대책 세우기	30
06	스마트폰이 유일한 취미라면? 취미 부자 프로젝트 시작하기	34
07	특별한 개성이 넘치는 우리 가족 가족 티셔츠를 디자인해 볼까?	38
08	기념일이 더욱 특별해지는 기발한 선물 오래 기억될 선물을 찾아볼까?	42

2부 학교

09 교장 선생님, 말씀이 너무 지루해요
훈화는 어떻게 해야 재미있을까? 48

10 졸업 사진으로 유명해진 학교가 있다고?
우리 학교만의 시그니처 만들기 52

11 청소를 슬쩍 빠지는 친구가 있다고?
함께해서 덜 힘들고 더 즐거운 청소법 찾기 56

12 요즘 학교에서는 재미있는 선물이 대세
감각 있는 우리 반 선물을 찾아볼까? 60

13 도전! 뽑히는 학교 임원 선거 공약
임원 선거 공약은 어떻게 써야 할까? 64

14 판을 깔아 줬는데 왜 놀지 못하니
모두가 즐거운 학급 파티 기획하기 68

15 딱딱하고 금지투성이인 학교 규칙
귀에 쏙쏙 박히는 규칙은 없을까? 72

16 버려지는 종이가 넘쳐나는 학교
종이 낭비를 줄일 방법을 찾아볼까? 76

17 요거트 한 개를 먹었을 뿐인데…
플라스틱 쓰레기를 줄여 줄 급식 대책 80

18 책만 고르다 끝난 도서관 수업 시간
나만의 책 고르기 비법을 공개합니다! 84

19 학예회 무대에서 뒷줄 친구들은 보이지 않아요
모두가 잘 보이는 줄 서기 방법은 없을까? 88

20 모둠 활동, 체험 학습, 졸업 사진 촬영…
말은 많아도 탈은 없는 모둠 편성법 찾기 92

3부 사회

21 탕후루, 두바이 초콜릿, 요아정…
   다음 인기 간식은 뭘까? — 98

22 분명 뭔가 방법이 있을 텐데…
   놀이공원 대기 줄을 줄일 순 없을까? — 102

23 버려지는 굿즈가 이렇게 많다고?
   환경을 생각하는 굿즈는 없을까? — 106

24 어른을 위한 카페와 키즈 카페는 있는데…
   왜 10대를 위한 공간은 없을까? — 110

25 대세로 떠오른 자율 주행 자동차
   우리는 자동차에서 무엇을 할 수 있을까? — 114

26 더 이상 양심에만 맡길 순 없어요
   무인점포 절도 예방 프로젝트 — 118

27 요즘은 재미있는 축제가 대세
   내가 직접 지역 축제를 기획해 볼까? — 122

28 모든 사람을 위한 디자인
   함께해요, 유니버설 디자인 — 126

29 반려동물 천만 시대 돌파
   반려동물을 위해 내가 할 일은 뭘까? — 130

30 AI는 우리 삶을 어디까지 바꿀까?
   AI 서비스를 내가 직접 만들어 보기 — 134

31 할머니·할아버지의 즐거운 인생을 위해
   노인을 위한 서비스를 기획해 볼까? — 138

32 점점 다양해지는 가족 형태
   우리 학교의 배려 지수는? — 142

33 또 어떤 문제가 있을까?
   직접 실생활 문제를 찾아봐! — 146

1부 — 가정

 오늘 밤도 계속되는 음식의 유혹

야식을 어떻게 해야 끊을 수 있을까?

살이 쪄서 걱정이라는 아이들이 늘고 있어요. 가장 큰 이유는 야식이에요. 요즘은 초등학생이 다니는 학원도 8시가 넘어서 수업을 마치는 곳이 많아요. 대개 6시 전에 저녁을 먹고 학원에 오니, 수업을 마치면 출출해져서 친구들과 편의점에 들러 음식을 사 먹는 일이 많지요. 이런 생활이 반복되면 학원에 가지 않는 날도 밤에 음식을 먹는 일이 잦아지고요. 야식을 먹고 자면 음식이 소화가 덜 돼 푹 잘 수 없어요. 다음 날 아침에 깨어나도 개운하지 않아 공부나 운동에 집중하기가 힘들지요.

게다가 야식은 고열량 식품이 많아 더 쉽게 살을 찌워요. 어린이 비만은 성조숙증으로 이어질 수 있어요. 실제로 성조숙증 진단을 받는 아이가 매년 늘고 있어요. 2019년 10만 8천 명에서 2023년 18만 6천 명으로 5년 동안 무려 72퍼센트나 늘었어요. 성조숙증은 여자는 만 9세, 남자는 만 10세 이전에 몸이 어른처럼 변화하는 걸 말해요.

성조숙증이 늘어난 가장 큰 이유는 고지방·고열량 음식을 너무 많이 섭취해서라고 해요. 그런데 부모님이 차려 주신 밥상과 학교 급식에는 오히려 고단백·저열량 음식이 많아요. 맞아요. 우리가 지금보다 더 건강해지려면 고지방·고열량 식품이 많은 야식부터 줄여야 해요. 어떻게 해야 야식을 줄일 수 있을까요?

야식을 줄이기 위한 아이디어

건강한 몸을 위한 나만의 야식 메뉴 개발하기

요리 프로그램의 인기가 날로 높아지고 있어요. 다양한 식재료를 조합하여 나만의 조리법을 만드는 요리사를 보면 감탄이 절로 나와요. 요즘은 단순히 맛있는 음식이 아니라 몸에도 좋은 음식이 더 인기예요. 건강에 관심이 있는 사람이 점점 더 늘기 때문이에요. 그래서 요즘은 주식과 간식 모두 저열량이 대세예요. 곤약, 스테비아, 0칼로리 음료, 단백질 음료가 인기를 끄는 이유예요. 건강한 야식 메뉴에는 무엇이 더 있을지 고민하고 찾아봐요.

각종 요리 예능 프로그램(출처: 넷플릭스, JTBC, KBS 홈페이지)

야식 섭취를 줄이기 위한 아이디어 상품

최근 덴마크 제약 회사에서 개발한 비만 치료제가 화제예요. 이 치료제는 음식이 소화되는 속도를 늦춰 조금만 먹어도 배가 부르다고 느끼게 하는 약이에요. 배가 부르니 아무래도 덜 먹고, 저녁 식사만으로도 충분히 배부르다고 느끼니 야식을 더 쉽게 끊을 수 있겠죠. 하지만 모든 약에는 부작용이 따라요. 더구나 이 치료제는 안정성과 유효성이 인증되지 않았기 때문에 어린이와 청소년에게는 쓸 수 없어요. 결국 단번에 살이 쏙 빠지는 약이나 주사는 세상에 없다고 봐도 무방해요. 대신 부작용 없이 야식 섭취를 줄여 주는 상품을 찾을 수 있어요. 대표적으로, 음식물에 다가설 수 없게 하는 '냉장고 자물쇠'와 음식을 많이 뜨거나 찍을 수 없게 만든 '다이어트 포크와 숟가락'이 있어요. 또 어떤 상품이 있을까요?

야식이 아닌 다른 재미를 찾아봐

'파블로프의 개' 이야기를 들어 봤나요? 개에게 음식을 주기 전에 항상 종을 울렸더니 나중에는 음식 없이 종만 울려도 개가 침을 흘렸다는 유명한 이야기 말이에요. 사람들한테도 이와 비슷한 면이 관찰된대요. 어떤 행동이 반복되면 그 기억만으로 자연스럽게 몸이 반응한다는 거죠. 야식을 자주 먹고 그 시간을 즐겁다고 느끼면, 우리는 행복감을 느끼기 위해 밤이 되면 자연스레 야식을 떠올리게 돼요. 반대로 야식 먹기가 아닌 다른 활동을 통해 즐거움을 느끼고 그 활동을 반복한다면 우리 몸은 야식이 아닌 새로운 방법을 기억하게 될 거예요.

아이디어를 펼치고 평가하기

이런 아이디어는 현실성이 부족해요

친구들이 떠올리는 아이디어에는 '하나만 먹어도 배부른 알약' 같은 것이 있어요. 물론 이런 약이 있다면 좋겠지만 우리가 지금 당장 만들기는 어려워요. 우리가 실제로 경험할 수 있을 법한 쉬운 아이디어를 떠올려 봐요.

떠오르는 생각을 전부 적어 봐요

내가 생각한 아이디어 Top 3

내가 생각한 Top 1 아이디어를 평가해요

- 아이디어를 실현할 수 있나요? ☆☆☆☆☆
- 실생활에서 쉽고 편리하게 사용할 수 있나요? ☆☆☆☆☆
- 흔하지 않은 독창적인 아이디어인가요? ☆☆☆☆☆
- 야식을 줄이거나 먹지 않는 방법인가요? ☆☆☆☆☆

인공 지능은 어떤 생각을 떠올렸을까요?

[프롬프트] 나는 초등학생이야. 요즘 야식을 자꾸 먹게 되더라고. 야식 중에는 고열량 음식이 많다 보니 살도 찌는 것 같고 성조숙증도 걱정돼. 나는 물론 친구들이 야식을 줄일 수 있도록 돕고 싶어. 내가 실제로 할 수 있고, 야식을 줄이는 데 확실히 도움이 되는 아이디어를 세 가지 떠올려 줘. 너무 뻔하고 교과서 같은 대답 말고 신선한 아이디어 위주로 작성해 줘.

[인공 지능의 답변] ① '야식 저금통' 도전: 야식을 참을 때마다 저금통에 동전을 넣어 보자. 쌓인 돈으로 보상을 주면 재미있을 거야. ② 야식 금지 포스터 만들기: 자신만의 포스터를 만들어 냉장고에 붙여 보자. 규칙을 스스로 만들고 지키면 더 효과적이야. ③ 친구들과 챌린지하기: 친구들과 '야식 먹지 않기'에 도전하고, 챌린지에 성공한 친구에게 줄 작은 선물을 준비해 보자.

나만의 아이디어를 제안하는 글을 써 보세요

 **여러분은 아래 예시보다 내용은 풍부하게, 분량은 길게 써 주세요**

* 문제 상황 알려 주기   식습관이 서구화되고 고열량 음식을 많이 먹게 되면서 어린이 비만이 늘고 있습니다. 여기에 야식 먹기가 하나의 문화로 자리 잡으며 어린이 비만 문제는 더욱 심각해졌습니다. 어린이 비만은 성조숙증으로 이어질 수 있으므로 주의해야 합니다. 저는 가장 먼저 야식을 줄여야 한다고 생각합니다. 야식을 줄이기 위한 여러 방법이 있습니다. 저열량 메뉴로 야식 먹기, 먹을 것을 아예 차단하거나 적은 양만 먹도록 유도하는 각종 아이디어 제품 활용하기, 야식 먹는 시간을 다른 활동으로 대체하기 등입니다.

* 내 아이디어 설명하기   저는 위의 방법 외에도 저만의 방법으로 야식을 줄이고자 합니다. 제가 생각한 방법은 '친구와 함께하는 야식 참기 챌린지'입니다. 야식을 먹고 싶은 시간에 친구와 메시지를 주고받거나 영상 통화를 하며 그 시간을 친구와 나누는 대화로 채우는 방식입니다.

* 내 아이디어의 장점 소개하기   친구와 함께하니 다짐을 지키기 쉽습니다. 야식의 유혹을 참기 힘든 날도 친구가 독려해 준다면 힘이 날 것 같습니다.

 **사고 싶은 물건은 느는데 용돈만 제자리**

부모님과 용돈을 협상해 볼까?

물가 오르는 속도가 장난이 아니에요. 예전에는 몇천 원이면 떡볶이는 물론 다른 간식까지 사 먹을 수 있었는데, 요즘은 떡볶이 하나도 사 먹기 어려워요. 어쩌다 친구들과 햄버거라도 사 먹으면 일주일 용돈이 하루 만에 바닥나기도 해요. 엎친 데 덮친 격으로 원재료 가격까지 올라 제과 업체에서는 과자와 아이스크림 가격을 줄줄이 인상한다고 해요. 편의점에 들러 과자를 사 먹는 게 큰 즐거움이었는데 이제는 쉽지 않아요.

여러분은 용돈을 얼마씩 받고 있나요? 뉴스를 보니 초등학생 월평균 용돈이 저학년은 32,000원이고, 고학년은 51,000원이라고 해요. 분명 적지 않은 돈인데 막상 쓰면 금방 없어져요. 간식만 사 먹기에도 부족하니 학용품까지 사면 돈이 모자라는 게 당연해요. 스티커나 형광펜을 사고 나면 과자를 살 수 없게 되는 거죠.

그런데 무턱대고 "용돈을 올려주세요!"라며 부모님을 조를 수도 없어요. 부모님도 "물가는 오르는데 월급은 그대로라 생활이 빡빡하다."라는 말을 하시거든요. 막무가내로 용돈을 올려 달라고 투정 부리면 부모님은 우리가 경제 상황을 잘 이해하지 못한다고 여기실 거예요. 이럴 때는 어떻게 부모님과 현명하게 대화할 수 있을까요? 서로의 상황을 고려하는 똑똑한 용돈 인상, 여러분의 아이디어가 필요해요.

용돈 협상을 위한 도움 자료

용돈 관리 앱을 통해 용돈 사용 내용 공개 약속하기

요즘 10대를 위한 용돈 관리 앱이 참 많아요. 이런 앱을 부모님께 소개하고 계획적인 소비를 약속드리면 어떨까요? 앱으로 용돈을 받고 앱과 연결된 카드를 사용하여 용돈을 어디에 얼마를 썼는지 부모님께 사용 내용을 투명하게 공개하는 거예요. 용돈을 신중하게 사용하겠다고 약속드리고 실천한다면 부모님도 요즘 물가에 맞게 기꺼이 용돈을 올려 주실 거예요.

다양한 어린이 용돈 관리 앱(출처: 아이쿠카, 퍼핀, 부지런)

부모님과 상의한 미션을 실천해 스스로 용돈 벌기

부모님께 용돈을 '그냥' 올려 달라고 말하기가 부담스러운가요? 그렇다면 부모님과 상의한 미션을 실천해 용돈을 마련하는 방법도 있어요. 이 역시 용돈 관리 앱을 사용해 쉽게 할 수 있답니다. 요즘 용돈 관리 앱에는 부모님과 정한 미션을 입력하고 미션을 달성할 때마다 부모님께 용돈을 받을 수 있는 메뉴가 있거든요. 이러한 메뉴를 부모님께 소개하고 용돈 인상에 대해 말씀드리는 것도 좋은 방법이에요.

용돈을 벌 수 있는 여러 가지 방법을 찾아봐

직접 돈을 벌 수도 있어요. 손재주가 있다면 작품을 만들어서 벼룩시장에 팔 수 있어요. 그림에 자신 있다면 이모티콘을 그려 팔 수도 있고요. 얼마 전 온라인에 자신의 그림을 판매해 1,200만 원을 번 중학생이 화제가 되어 뉴스에 나오기도 했거든요. 주식을 열심히 공부하고 투자한 뒤 많은 수익을 올린 초등학생도 있고요. 이 밖에도 자신이 공부하는 모습을 브이로그(영상 일기)로 만들어 꾸준히 유튜브에 올려서 수익을 얻는 10대, 그림책 작가로 돈을 버는 10대 등 자기 능력으로 용돈을 버는 아이들이 많답니다.

NFT 그림으로 돈을 번 중학생(출처: SBS 뉴스 유튜브)   주식 투자로 돈을 번 초등학생(출처: SBS 뉴스 유튜브)

아이디어를 펼치고 평가하기

이런 아이디어는 부모님과 상의해요

- 어떤 경우든 스스로 용돈을 버는 아이디어라면 부모님께 허락을 받아야 해요.
- 중고 거래 사이트에 집에 있는 물건을 함부로 팔면 안 돼요.
- 학생을 모집하는 아르바이트는 위험할 수 있으므로 이런 아르바이트에 관심이 간다면 반드시 부모님께 먼저 말씀드려야 해요.

떠오르는 생각을 전부 적어 봐요

내가 생각한 아이디어 Top 3

내가 생각한 Top 1 아이디어를 평가해요

- 아이디어를 실현할 수 있나요? ☆☆☆☆☆
- 쉽고 편리하게 실행할 수 있는 방법인가요? ☆☆☆☆☆
- 흔하지 않은 독창적인 아이디어인가요? ☆☆☆☆☆
- 합리적으로 용돈을 인상할 방법인가요? ☆☆☆☆☆

아무리 용돈이 필요해도 이런 행동은 옳지 않아요

요즘 위험한 행동을 따라 하는 아이들이 많아지고 있어요. 예를 들면, 인공 지능 기술을 이용해 친구나 선생님의 얼굴을 이상한 사진에 합성해 다른 사람에게 파는 경우예요. 쉽게 돈을 벌 수 있다는 말에 속아 온라인 도박을 하다가 큰 빚을 지기도 해요. 이런 행동은 범죄이므로 심각한 처벌을 받게 돼요. 장난으로 한 행동이라도 그 행동 때문에 상처받는 사람이 있다면 거기에 맞는 벌을 받아야 하고요. 아무리 돈이 필요해도 법을 지켜야 하고, 다른 사람들에게 해를 끼치지 않는 건전한 방법을 찾아야 해요.

나만의 아이디어를 제안하는 글을 써 보세요

 **여러분은 아래 예시보다 내용은 풍부하게, 분량은 길게 써 주세요**

* **문제 상황 알려 주기**   요즘 물가가 올라 음식이나 학용품 가격이 비싸졌습니다. 기존 용돈으로는 편의점에서 간식을 사 먹기에도 부족합니다. 그러나 부모님의 월급도 빠듯하긴 마찬가지입니다. 따라서 막무가내로 조르기보다는 현명한 방식으로 부모님을 설득해서 용돈을 인상해야 합니다.

* **내 아이디어 설명하기**   저는 부모님께 용돈 관리 앱을 소개하고 용돈 인상을 부탁드리고자 합니다. 부모님께선 앱에 연결된 카드로 용돈을 보낼 수 있고 제 용돈 사용 내용을 모두 보실 수 있습니다. 용돈을 한꺼번에 사용하지 않고, 계획을 세워 꼭 필요한 곳에 쓰겠다고 약속한 뒤 이를 실천하는 모습을 보여 드리고자 합니다.

* **내 아이디어의 장점 소개하기**   이러한 방법을 통해 저는 용돈을 규모 있게 사용하는 습관을 기를 수 있습니다. 부모님께서는 용돈을 책임감 있게 사용하는 제 모습을 보시고 저를 더 신뢰할 것입니다. 어쩌면 제 용돈 사용 내용을 보시고 요즘 물가에 비해 용돈이 부족하다는 생각이 들어 자발적으로 용돈을 올려 주실 수도 있습니다. 이렇게 신뢰와 책임을 바탕으로 부모님과 대화를 나눈다면 부모님도 기꺼이 용돈을 올려 주시리라 생각합니다.

03 표지부터 따분하고 지루한 문제집

문제집을 재미있게 만들 수는 없을까?

자기주도학습이라는 말을 들어 본 적이 있나요? 누가 시키지 않아도 스스로 공부를 계획하고, 계획을 실천하는 것을 말해요. 연구 결과에 따르면 공부를 잘하는 아이 대다수는 자기주도학습 능력이 높다고 해요.

물론 우리도 학교에서 배운 내용을 스스로 복습하고, 새로운 문제를 자신의 힘으로 해결해 나가는 공부가 중요하다는 것을 잘 알아요. 하지만 이게 말처럼 쉽지 않아요. 참고서나 문제집을 사기는 쉬워도, 그걸 혼자서 읽고 푸는 건 힘들거든요. 여러분도 이런 경험이 있을 거예요. 문제를 풀려고 앉아 있지만, 머릿속은 하늘을 날아다니고, 문제는 한 줄도 읽기 싫어지는 그런 기분. "이거 왜 이렇게 재미없어?"라는 생각이 저절로 드는 순간이죠.

학교에서 배운 내용을 복습하려면 문제를 풀면서 정확히 아는지 확인해야 한다는 걸 알지만, 막상 책상 앞에 앉아서 한 문제씩 풀다 보면 재미는 없고 빨리 끝내고 싶다는 생각만 들거든요. 이럴 때 문제집이 조금이라도 흥미롭게 꾸며져 있다면 문제를 풀고 싶은 마음이 생기지 않을까요? 그렇다면 문제집을 직접 디자인해 보면 어떨까요? 정말 재미있고 흥미롭게 만들고 싶지 않나요? 재미있는 문제집을 만들면 나는 물론 친구들도 공부를 좀 더 즐겁게 할 수 있지 않을까요? 스스로 공부하는 힘을 기를 수 있고 공부가 조금 더 즐거워지는 문제집, 지금부터 상상해 주세요.

학창 시절에 선생님이 떠올렸던 문제집

뜯어 쓰는 두루마리 휴지 문제집

그날의 컨디션에 따라 풀고 싶은 만큼만 문제를 뜯어 풀 수 있는 두루마리 문제집이에요. 풀 만큼만 문제를 뜯어 풀고 답이 다 맞았으면 미련 없이 버리는 거예요. 틀린 문제는 그 부분만 뜯어 오답 노트에 붙이고 여러 번 풀 수도 있어요. 차를 오래 타야 하거나 어느 장소에서 뭔가를 오래 기다려야 할 때 특히 유용해요. 문제를 조금만 뜯어 주머니에 넣어 가면 시간을 효율적으로 쓸 수 있거든요. 휴지 두께가 얇아질수록 내 실력이 느는 거니까 공부 쾌감도 그만큼 올라갈 거예요.

친구와 나눠 푸는 하트 문제집

반씩 나누어 먹는 아이스크림을 친구와 나누어 먹어 본 적 있나요? 똑같은 아이스크림도 친구와 반씩 나누면 특별해지거든요. 그래서 생각한 문제집이 친구와 반씩 나눠 가질 수 있는 하트 모양 문제집이에요. 문제를 얼마만큼 풀지 친구와 약속을 정하고, 정해진 양만큼 풀며 서로의 공부를 점검할 수 있어요. 문제를 다 푼 후에는 다시 하트를 맞춰 보기로 약속할 수 있고요. 이런 방법이라면 문제집을 더욱 재미있게 풀 수 있지 않을까요?

단원별로 나뉜 문제집을 모아 컬렉션 완성하기

선생님은 어릴 때 친구들과 문구 쇼핑을 자주 했어요. 그곳에는 알록달록 예쁜 문구가 가득해서 사지 않고는 배길 수가 없었어요. 문제집도 그렇게 예쁘면 어땠을까요? 거기에 더해 단원별로 쪼갠 얇은 문제집이라면 더 좋을 거예요. 예뻐서 기분이 좋고, 문제량이 적어 부담도 줄고 가격도 싸질 거예요. 지금 내가 공부해야 할 내용이 담긴 단원 문제집을 골라서 다 풀면 책장에 전시하는 거예요. 그렇게 한 단원씩 푼 얇은 문제집이 쌓이면 문구점 못지않은 예쁜 문제집 컬렉션이 완성될 거예요.

아이디어를 펼치고 평가하기

어떤 때 문제집을 푸는 게 지루한가요?

- 어느 때, 어떤 이유로 문제집을 풀기 힘들었는지 떠올려 보세요.
- 그때 어떻게 해결했다면 더 즐겁게 공부할 수 있었을지 생각해 보세요.
- 차근차근 생각하다 보면 좋은 아이디어가 떠오를 거예요.

떠오르는 생각을 전부 적어 봐요

내가 생각한 아이디어 Top 3

내가 생각한 Top 1 아이디어를 평가해요

- 실제 상품으로 나올 법한 현실성이 있는 아이디어인가요? ☆☆☆☆☆
- 풀고 싶은 마음이 드는 재미있는 아이디어인가요? ☆☆☆☆☆
- 흔하지 않은 독창적인 아이디어인가요? ☆☆☆☆☆
- 문제집을 즐겁게 푸는 데 도움이 되는 아이디어인가요? ☆☆☆☆☆

내가 생각한 문제집을 그림으로 표현해 주세요

나만의 아이디어를 제안하는 글을 써 보세요

 **여러분은 아래 예시보다 내용은 풍부하게, 분량은 길게 써 주세요**

* **문제 상황 알려 주기**   요즘 자기주도학습이 중요해지고 있습니다. 학생 스스로 공부를 계획하고 실천하는 태도는 매우 중요합니다. 또한 이러한 학습 태도가 성적 향상에도 효과가 크다고 알려져 있습니다. 하지만 문제집이나 참고서를 사 스스로 정한 진도에 따라 공부하기란 쉽지 않습니다. 몇 문제 풀다 보면 지루하고 자꾸만 딴생각이 납니다. 어떻게 하면 더 즐겁게 문제를 풀 수 있을까요?

* **내 아이디어 설명하기**   저는 두루마리 휴지처럼 생긴 문제집을 제안합니다. 두루마리 휴지에는 점선으로 구분된 칸이 있습니다. 이 문제집에도 점선으로 구분된 칸이 있고 각 칸에는 한두 문제 정도가 수록되어 있습니다. 점선으로 구분된 문제는 손으로도 쉽게 뜯을 수 있습니다.

* **내 아이디어의 장점 소개하기**   자기 컨디션에 맞게 문제를 뜯을 수 있어 부담감이 적고, 풀 만큼 문제를 뜯어서 어디든 가지고 다닐 수 있어 휴대하기에도 좋습니다. 다 풀고 맞은 문제는 찢어 버릴 수 있는데, 두루마리 문제집이 점점 얇아지는 걸 보면 성취감이 커집니다. 틀린 문제가 있으면 그 문제만 뜯어 여러 번 풀 수 있어 오답을 확인하고 틀린 문제를 복습하는 데도 효과적입니다. 여기에 더해 아이들이 흥미를 느끼도록 기존 문제집과 완전히 다르게 디자인하려 합니다. 이렇게 만든 문제집이라면 지금보다 훨씬 즐겁게 공부할 수 있을 것 같습니다.

04 세상에는 온통 부모님용 가전뿐

10대용 가전을 만들어 볼까?

혹시 '국제전자제품박람회(CES)'라고 들어 본 적이 있나요? 매년 미국 라스베이거스에서 열리는 박람회로, 전 세계에서 모인 기업들이 자랑할 만한 신기술을 뽐내는 자리예요. 쉽게 말해 '혁신 기술의 올림픽'이죠.

우리나라 기업들도 CES에서 정말 멋진 제품을 선보였답니다. LG전자는 악취와 세균을 없애는 의류 살균기와 신발용 특별 관리기를 내놨어요. 삼성전자는 스마트 로봇 청소기를 내놓았는데, 이 청소기는 인공 지능 기능을 탑재해 바닥에 놓인 물건을 스스로 인식하고, 카펫과 마룻바닥을 구분해 청소해요. 이런 신기술이 부모님들을 조금이나마 쉴 수 있게 돕고 있어요. 대표적으로 몇 년 전부터 엄청난 인기를 끌고 있는 건조기, 식기세척기, 로봇 청소기 등은 부모님들을 집안일에서 꽤 많이 해방해 주었답니다.

이렇게 기업들이 어른들을 위한 가전을 계속 만드는데, 정작 10대를 위한 가전은 잘 안 만드는 것 같아 아쉬워요. 요즘 10대들은 SNS로 빠르게 소문을 퍼뜨리고, 원하는 상품을 살 수 있는 힘도 꽤 큰데 말이죠. 선생님이 대기업 임원이라면 당장 10대를 위한 가전을 먼저 생각해 볼 거예요. 여러분도 같은 생각이죠? CES에서 10대를 위한 멋진 가전으로 소개될 날을 기대하며, 우리 함께 10대용 가전 아이디어를 떠올려 봐요.

10대를 위한 가전 기획에 도움을 줄 아이디어

최신 기술 동향을 반영해 아이디어 떠올리기

이왕이면 요즘 주목받는 '핫'한 기술을 접목해 떠올리면 좋아요. 대표적으로 인공 지능(AI), 증강 현실(AR), 지속 가능한 에너지 기술을 들 수 있어요. 선생님은 인공 지능 스마트 스피커가 가장 먼저 떠올랐어요. 공부하다가 모르는 내용이 나오면 스피커에 물어 바로 답을 얻는 거죠. 친환경 보조 배터리나 친환경 스마트폰 충전기는 어떤가요? 이런 물건은 필수 아이템인데, 태양광이나 바람을 이용하면 환경까지 지킬 수 있어 더 유용할 거예요.

10대를 위해 출시된 여러 가지 제품 살펴보기

이미 출시된 10대용 전자 제품이나 10대를 주요 고객으로 만든 제품을 살펴봐도 좋아요. 당장 청소년용으로 나온 거북목 방지용 자세 교정 의자, 숙면을 돕는 모션 침대 같은 건강 용품을 찾을 수 있어요. 외모 꾸미기를 돕는 제품으로는 피부 문제에 예민한 아이를 위한 화장품 냉장고, 머리 스타일을 다양하게 연출할 수 있는 고데기 등이 있지요. 여가와 휴식을 돕는 제품도 많아요. 즉석 인화가 가능한 미니카메라, 친구들과 함께 즐길 수 있는 게임이 가득한 닌텐도 스위치, 이동이 자유로운 스탠드형 스크린(LG 스탠바이미) 등이 있답니다.

닌텐도 스위치2(출처: 닌텐도 홈페이지)

10대를 위한 모션 침대(출처: 일룸 홈페이지)

10대에게 인기 있는 인플루언서의 의견도 참고해 봐

대학 입시에 관한 콘텐츠로 중고생들의 많은 사랑을 받는 '미미미누'라는 인플루언서를 들어 본 적이 있을 거예요. 미미미누가 가전 제품을 만드는 국내의 한 기업을 방문해 아이디어 발표를 하는 영상이 있어요. 미미미누 역시 기존 가전 제품은 10대와 다소 거리가 있다고 지적하고 어떻게 하면 10대 고객을 사로잡을 수 있을지 발표하였답니다. 이런 인플루언서의 의견을 참고하여 아이디어를 떠올려 봐도 좋습니다.

LG전자 마케팅 팀 제대로 흑화시켰습니다
미미미생 ep.19(출처: 미미미누 유튜브)

아이디어를 펼치고 평가하기

다양한 상황을 생각해 봐요

- 학교에서 생활할 때 필요한 가전 제품은 없을까?
- 학교나 학원 수업을 마치고 이동하는 동안 필요한 가전 제품은 없을까?
- 주말이나 여가 시간에 필요한 가전 제품은 없을까?

떠오르는 생각을 전부 적어 봐요

내가 생각한 아이디어 Top 3

내가 생각한 Top 1 아이디어를 평가해요

- 실제 상품으로 나올 법한 현실성이 있는 아이디어인가요?   ☆☆☆☆☆
- 사고 싶은 마음이 드는 재미있는 아이디어인가요?   ☆☆☆☆☆
- 흔하지 않은 독창적인 아이디어인가요?   ☆☆☆☆☆
- 10대의 삶에 도움이 되는 아이디어인가요?   ☆☆☆☆☆

내가 생각한 10대를 위한 가전 제품을 그림으로 표현해 봐요

나만의 아이디어를 제안하는 글을 써 보세요

 **여러분은 아래 예시보다 내용은 풍부하게, 분량은 길게 써 주세요**

* **문제 상황 알려 주기** 최근 인공 지능이나 증강 현실 등 혁신 기술을 접목한 가전 제품이 많이 나오고 있습니다. 아쉬운 점은 이러한 제품이 대부분 어른의 편의를 위한 제품이라는 점입니다. 저는 10대를 위한 가전 제품을 제안하고 싶습니다.

* **내 아이디어 설명하기** 바로 학습 비서 AI입니다. 학습 비서 AI는 스피커 형태일 수도, 스마트폰 앱일 수도, 시계 형태일 수도 있습니다. 학교와 학원 알림장 앱 등과 연결되어 있어 제가 매일 해야 할 숙제, 챙겨야 할 준비물 등을 관리해 줍니다. 제가 놓친 부분이 있으면 지속해서 알림을 보내 줍니다. 또한 제가 해야 할 숙제와 관련한 참고 자료를 미리 제시하기도 하고 숙제와 관련해 도움을 요청하면 예시를 보여 주기도 합니다.

* **내 아이디어의 장점 소개하기** 학교와 학원에서 공지를 전달하는 앱이 달라 일일이 들어가 확인하기 번거롭고, 깜빡 놓쳐 숙제를 못 하는 경우도 있습니다. 학습 비서 AI가 있으면 알아서 제 학습 일정을 관리해 주고 숙제를 잘할 수 있도록 자료를 제안하는 등의 도움을 주므로 숙제를 놓치거나 제대로 완성하지 못하는 날이 줄어들 것입니다. 또한 학습 일정을 스스로 세우고 실행할 수 있도록 도와주므로 올바른 학습 습관을 기르는 데 한몫할 것입니다.

 **가족 목소리로 보이스 피싱을 한다고?**

보이스 피싱 피해를 막는 가족 대책 세우기

인공 지능(AI) 기술이 빠르게 발전하고 있어요. 사람 목소리나 얼굴을 흉내 내는 가짜 음성이나 가짜 영상을 만드는 일도 가능해졌지요. 당장, 좋아하는 연예인의 목소리를 AI에게 학습시켜 그 연예인이 직접 읽어 주는 것 같은 오디오 북을 만들 수 있어요. 성인 영화배우의 어린 시절 사진을 이용해 비슷한 모습의 아역 배우를 만들어 영화에 재미를 더하기도 하고요. 이런 멋진 기술 덕분에 즐길 거리가 점점 늘어나고 있어요.

그런데 이런 기술이 항상 좋은 일에만 쓰이는 건 아니에요. AI가 진짜 사람 목소리와 얼굴을 그대로 따라 할 수 있다 보니, 나쁜 사람들이 이 기술을 이용해 범죄를 저지르기도 해요. 바로 '보이스 피싱(전화 금융 사기)'이라는 건데요, AI 기술이 발전하면서 전화 통화만으로도 상대방을 속이기가 쉬워졌어요. 예를 들어, AI가 우리 가족 목소리를 학습해서 "엄마, 나 돈이 급해!"라고 전화하면, 진짜 가족인 줄 알고 속을 수밖에 없는 거죠.

심지어 최근에는 가족의 얼굴까지 복제해서 영상 통화로 속이는 사례도 있다고 해요. 정말 우리 가족이랑 똑같이 생기고 똑같이 말하니까, 전화를 받는 사람은 의심하기가 어렵죠. 어떻게 하면 이러한 범죄에 안전하게 대비할 수 있을지 가족이 모여 대책 회의를 시작해 보아요.

AI 보이스 피싱에 대처하기 위한 도움 자료

문제가 얼마나 심각한지 공감하기

최근 AI를 이용한 보이스 피싱이 얼마나 자주 일어나고 심각한지 깨닫는 것이 먼저예요. 또한 AI를 이용한 보이스 피싱이 어떤 방식으로 일어나는지 이해하기 위해 범죄 수법을 살펴보는 것도 좋아요.

'깜빡 속을 뻔한' 딸 목소리… AI 보이스 피싱?
(출처: MBC 뉴스 유튜브)

"올 것이 왔다"… AI 보이스 피싱
(출처: 비디오머그 유튜브)

AI 보이스 피싱을 예방하기 위한 각종 정보 알아 두기

AI로 우리 가족과 똑같은 목소리를 어떻게 만드는지 궁금할 거예요. 놀랍게도 가족 목소리 표본이 단 3초만 있어도 목소리를 완벽하게 복제할 수 있다고 해요. 따라서 가족의 목소리 표본을 제공하지 않는 게 첫째예요. 모르는 번호로 전화가 오면 먼저 말하지 않는 게 좋아요. 우리가 "여보세요?"라고 말하면, 그 짧은 음성만으로도 AI가 목소리를 복제할 수 있기 때문이에요. 둘째, 소셜 미디어에 얼굴이나 목소리가 담긴 영상이나 사진을 올리지 않아야 안전해요. 셋째, 우리 가족만의 비밀 암호를 정해 두면 좋아요. 특별한 질문에는 무엇을 답할지 미리 정하고 진짜 가족인지 확인하는 거죠. 가족과 AI 보이스 피싱에 대한 대책을 마련할 때 이러한 정보도 꼭 공유하세요.

AI로 직접 목소리를 생성해 보기

AI로 내 목소리를 만들 수 있다는 사실이 믿기지 않는다면 가족과 함께 직접 만들어 보세요. AI 기술 발전의 놀라움을 생생하게 경험할 수 있을 거예요. 'AI 내 목소리 만들기' 키워드로 검색하면 체험할 수 있는 다양한 무료 사이트가 나와요. 내 목소리로 30문장 정도를 녹음하고 30분만 기다리면 AI로 만든 내 목소리가 순식간에 완성된답니다. 이렇게 만들어진 AI 목소리를 들어 보세요. 스스로 듣기에도 내 목소리와 똑같아 깜짝 놀랄 거예요. 내가 직접 하지 않은 말도 내가 한 말처럼 AI로 만들 수 있어요. 물론, 이렇게 만들어진 목소리는 꼭 필요한 곳에만 바르게 사용해야겠죠.

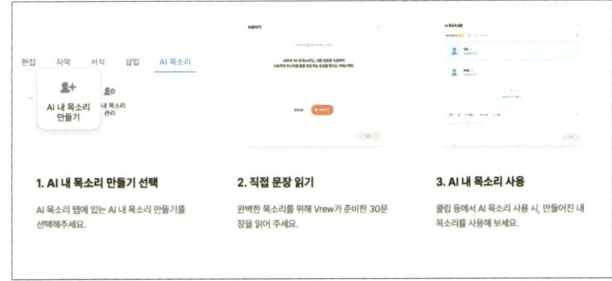

AI로 내 목소리 만들기(출처: Vrew)

아이디어를 펼치고 평가하기

현실성 있는 아이디어를 생각해요

- AI 보이스 피싱을 막는 기술을 우리가 당장 개발을 하기는 어려워요. 따라서 예방 차원에서 접근해야 해요.
- 가족과 어떤 이야기를 나누면 좋을지 대책 회의 내용을 미리 생각해요.
- 우리 가족만의 예방 방법을 떠올려요.

떠오르는 생각을 전부 적어 봐요

내가 생각한 아이디어 Top 3

내가 생각한 Top 1 아이디어를 평가해요

- 아이디어를 실현할 수 있나요? ☆☆☆☆☆
- 쉽고 편리하게 실행할 수 있는 방법인가요? ☆☆☆☆☆
- 흔하지 않은 독창적인 아이디어인가요? ☆☆☆☆☆
- AI 보이스 피싱을 예방하는 데 효과적인 방법인가요? ☆☆☆☆☆

AI 보이스 피싱, 너무 걱정하지 말아요

AI 보이스 피싱이 심각하다는 정보를 너무 많이 접하면 두려울 수 있어요. 하지만 너무 걱정하지 말아요. 다행히 국가와 각종 기관과 기업에서 AI 보이스 피싱을 막기 위해 다양한 방면으로 노력하고 있으니까요. 대표적인 대처 방법으로 AI 보이스 피싱을 AI로 막는 방법이 있어요. 범죄 조직원이 여러 번 전화해서 사기를 시도하는 경우 전화번호를 추적할 수 있고, 이 번호가 보이스 피싱 번호라는 것을 알 수 있어요. 따라서 전화를 받는 사람에게 "이건 보이스 피싱일 수 있어!" 하고 경고를 보내 주기도 하지요. 이런 AI 기술을 사용하면, 해외에 있는 범죄 조직까지도 쉽게 찾아낼 수 있어요. 앞으로도 AI 보이스 피싱을 막기 위한 기술은 더욱 진화할 것이므로 너무 걱정하지 말아요.

나만의 아이디어를 제안하는 글을 써 보세요

 **여러분은 아래 예시보다 내용은 풍부하게, 분량은 길게 써 주세요**

* **문제 상황 알려 주기**   최근 AI를 이용한 보이스 피싱 범죄가 늘고 있습니다. AI는 3초 분량의 목소리 표본과 사진만으로도 실제 사람의 목소리와 모습을 복제할 수 있습니다. 이렇게 가짜로 만들어진 우리 가족의 목소리와 얼굴로 보이스 피싱 전화가 오면 우리는 속수무책으로 당할 수밖에 없습니다.

* **내 아이디어 설명하기**   저는 이러한 문제를 가족과 함께 이야기하고, 피해를 입지 않기 위해 대비해야 한다고 생각합니다. 특히 할머니·할아버지와 함께 사는 경우라면 문제가 더욱 심각합니다. 할머니·할아버지는 상대적으로 기술에 취약해 범죄에 노출되고 피해로 이어질 우려가 크기 때문입니다. 따라서 온 가족이 모여 대책을 마련해야 합니다. 먼저 AI 보이스 피싱에 대한 영상과 예방 수칙에 대한 영상을 시청하며 범죄 수법을 확인하고, 어떻게 대처해야 하는지 이야기 나누는 시간을 갖고 싶습니다. 또한 우리 가족만의 암호를 미리 설정하고 가족이 함께 역할극을 하며 대처 능력도 기르고 싶습니다.

* **내 아이디어의 장점 소개하기**   AI 보이스 피싱의 위험성을 깨닫고 우리 가족의 대처 방안을 공유함으로써 피해를 예방할 수 있습니다. 또한 가족이 함께 역할극을 함으로써 실제로 AI 보이스 피싱 상황이 벌어졌을 때 당황하지 않고 침착하게 대처하는 능력을 기를 수 있습니다.

06 스마트폰이 유일한 취미라면?

취미 부자 프로젝트 시작하기

어른들은 다양한 문화생활을 즐기고 요리나 여행처럼 친구들과 함께하는 취미도 넘쳐나요. SNS를 통해 이러한 추억을 공유하며 즐거움을 나누기도 하지요. '오운완(오늘 운동 완료)' 같은 해시태그가 유행하면서 함께 운동하는 사람도 부쩍 늘었다고 해요. 그런데 초등학생인 우리는 어떤 취미를 갖고 있나요? 학교에서 "네 취미는 뭐니?" 하고 물어보면 "음… 내 취미가 뭐지?" 하고 고개를 갸우뚱하는 아이들이 많아요.

자유 시간에 영상을 시청하거나 게임을 한다는 아이가 정말 많아요. 통계에 따르면 10대 청소년의 스마트폰 사용 시간이 하루 평균 무려 3시간 정도라고 해요. 이렇게 스마트폰에 빠져 있다 보면 다양한 취미 활동을 경험할 기회를 놓치고 말 거예요.

요즘 '취미 부자'라는 말이 유행이에요. 취미가 많은 사람은 다양한 분야에 관심을 가질 수 있고, 세상을 보는 시야도 넓어지지요. 또 이런저런 취미 생활을 하다 보면 자연스럽게 스트레스도 해소되고 내가 할 수 있는 일도 많아지죠. 그러니 여러분도 스마트폰을 놓고 나만의 취미를 찾아보는 건 어떨까요? 새로운 취미를 통해 재미있고 다양한 경험을 하며 '취미 부자'로 성장해 보세요. 스마트폰에서 눈을 떼고 나 자신을 위한 시간을 만들어 가는 순간, 여러분의 생활은 더욱 활기차고 즐거워질 거예요.

10대를 위한 다양한 취미 활동 추천 자료

다양한 취미 플랫폼 활용하기

취미 활동을 하겠다고 마음먹었지만, 막상 어떤 활동을 해야 좋을지 엄두가 나지 않는다면 취미 플랫폼에 올라온 활동을 참고해 봐요. 펜 그림 그리기, 스마트폰으로 전문가처럼 사진 찍기, 오일 파스텔 그림 그리기, 전통 매듭을 활용해 액세서리 만들기, 뜨개 인형 만들기 등 무궁무진한 취미를 만날 수 있어요. 플랫폼을 구독하면 더 저렴한 가격으로 다양한 콘텐츠를 즐길 수 있고요. 구독료가 부담된다면 플랫폼에서 원하는 취미를 고르고, 마음에 드는 취미 활동을 유튜브에서 찾아봐도 좋아요. 취미 활동에 필요한 재료를 사야 해서 부담된다고요? 요즘은 다이소, 테무, 알리익스프레스 등 재료를 저렴하게 살 수 있는 곳이 많으니 한 번 도전해 보세요.

- **CLASS101**: 그림, 공예, 요리, 제빵, 음악, 운동, 사진·영상 등 다양한 온라인 수업이 있다.
- **솜씨당**: 요리, 수공예, 꽃꽂이, 미술, 체험 활동, 미용 등 직접 찾아가서 듣는 오프라인 수업이 많다.

취미 생활도 하고, 사회에 기여도 하기

네이버 해피빈

집 밖으로 나가서 다양한 취미를 즐기고 싶다고요? 이왕이면 취미 활동을 통해 사회에 기여도 하고 싶다고요? 그렇다면 네이버에서 운영하는 '해피빈'이 딱 맞아요. 해피빈 홈페이지에 접속해 '가볼까' 메뉴를 클릭하면 소아암 어린이를 위한 인형 만들기, 세계 피자 월드컵 챔피언의 피자 클래스, 경복궁 줍깅(쓰레기를 주우며 달리기) 등 다양하고 재미있는 활동이 가득해요. 수익금은 필요한 곳에 쓰이고, 경복궁 줍깅 같은 프로그램에 참여하면 환경 보호에 앞장설 수 있으니 의미가 깊지요. 다양한 활동을 해 보고 그중에서 흥미와 적성에 맞는 취미를 찾아보세요. 이렇게 취미 활동과 사회 기여, 두 마리 토끼를 잡아 보는 건 어떨까요?

우리 동네 문화센터 적극 활용하기

동네에도 취미 생활을 지원하는 기관이 많아요. 포털 사이트에서 우리 동네의 이름과 함께 문화센터를 검색하면 공공 기관이나 기업에서 운영하는 다양한 홈페이지를 발견할 수 있어요. 문화센터 강좌는 기업이나 국가의 지원을 받아 운영되기 때문에 비용도 무척 저렴해요. 학원 대신 문화센터의 정규 강좌를 이용하면 취미 활동을 꾸준히 할 수도 있어요. 문화센터에 자주 가기가 부담스럽다면 일일 강좌에 참여해도 좋아요. 우리 동네 문화센터를 이용하면 나와 가까이 사는 친구들을 만날 수 있고 새로운 친구도 사귈 수 있어요. 강추!

아이디어를 펼치고 평가하기

나 자신에 대해 먼저 생각해 봐요

- 나는 어떤 활동을 가장 잘할 수 있나요?
- 나는 어떤 활동을 가장 즐겁게 할 수 있나요?
- 해 본 적은 없지만 평소 배워 보고 싶었던 일은 무엇인가요?

온라인 홈페이지, 취미 앱, 유튜브 콘텐츠를 둘러보고, 마음에 드는 취미 활동을 자유롭게 적어요

해 보고 싶은 취미 활동 Top 3

내가 생각한 Top 1 아이디어를 평가해요

- 내 수준에 맞는 취미인가요? ☆☆☆☆☆
- 너무 큰 비용이 들지 않는 취미인가요? ☆☆☆☆☆
- 취미 활동에 필요한 준비물을 쉽게 구할 수 있나요? ☆☆☆☆☆
- 너무 번거롭지 않아 자주 할 수 있는 현실적인 취미 활동인가요? ☆☆☆☆☆

여기서 잠깐 — 선생님이 만난 아이들의 다양한 취미 활동을 소개할게요

우선 운동을 좋아하는 아이가 많았어요. 부모님과 함께 마라톤에 참여한 아이도 있고, '전국에서 유명한 산 100곳 다니기'가 목표인 아이도 있었어요. 빵이나 쿠키 만들기가 취미인 아이도 있었는데, 쿠키를 손수 만들어 친구들과 선생님에게 나눠 준 적도 있어요. 그림을 좋아하는 아이는 반 친구들과 선생님의 캐릭터를 아주 귀엽게 그려서 보여 주었답니다. 메이크업 아티스트가 꿈인 아이는 다양한 색을 조합하고 얼굴에 어울리는 화장을 해보는 게 정말 재밌다고 했어요. 여러분도 자신의 취향과 스타일을 반영한 재미있는 취미를 찾아 공유해 주세요.

반 아이가 그려 준 그림으로 만든 폰 케이스

나만의 아이디어를 제안하는 글을 써 보세요

 **여러분은 아래 예시보다 내용은 풍부하게, 분량은 길게 써 주세요**

* **문제 상황 알려 주기**   저는 최근 답답하다는 느낌을 자주 받습니다. 평일에 학교, 학원, 숙제, 공부에 치여 주말에는 신나고 즐겁게 놀고 싶지만, 막상 무얼 해야 할지 몰라 방 안에서 스마트폰을 들여다보는 일이 많습니다. 오랜 시간 스마트폰을 들여다보고 나면 남는 것도 없이 시간만 버렸다는 생각에 허탈해집니다.

* **내 아이디어 설명하기**   앞으로는 자유 시간을 좀 더 재미있는 활동으로 채우고 싶습니다. 저는 춤을 좋아해서 가수처럼 멋지게 춤을 추고 싶다는 생각을 항상 해 왔습니다. 영상을 보며 춤을 따라 하는 것을 넘어 오랜 시간 꾸준하게 춤을 배워 보고 싶습니다. 댄스 학원은 비싼 것 같아 저렴한 방법을 찾아보니 우리 동네 문화센터에서 주말마다 댄스 수업을 한다는 것을 알게 되었습니다. 저는 문화센터의 댄스 수업을 통해 취미 활동을 시작하려 합니다.

* **내 아이디어의 장점 소개하기**   주말마다 집 밖으로 나가 신나게 몸을 움직이며 스트레스를 풀 수 있다는 장점이 있습니다. 제가 좋아하고 하고 싶어 했던 취미이기에 귀찮아하지 않고 자발적으로 열심히 할 수 있다는 장점도 있습니다. 준비물도 많이 필요하지 않아 좋습니다. 이렇게 꾸준히 춤 연습을 해서 실력이 늘면 학교 공연이나 장기 자랑 등에서 선보일 수도 있을 것입니다.

07 특별한 개성이 넘치는 우리 가족
가족 티셔츠를 디자인해 볼까?

"절친과 꼭 해 보고 싶은 게 있나요?"라고 질문하면 많은 아이가 "커플 룩 입기!"라고 대답해요. 같은 옷을 맞춰 입으면 특별한 느낌이 들고, 사람들의 시선도 사로잡을 수 있으니까요. 여기서 한 걸음 더 나아가 가족이 함께 맞춰 입는 가족 티셔츠도 인기랍니다.

여행지에서 재미있는 문구가 적힌 가족 티셔츠를 입은 사람들을 본 적이 있을 거예요. 요즘은 가족사진을 찍을 때뿐 아니라 가족 행사를 할 때도 할머니·할아버지와 온 가족이 옷을 맞춰 입고 개성을 뽐내기도 해요. 하지만 가족 티셔츠는 대개 비슷비슷해서 때로는 뻔하고 촌스러워 보일 때도 있어요. 이왕 입을 거라면 우리가 직접 멋지고 세련된 가족 티셔츠를 만들어 보는 건 어떨까요?

가족 티셔츠는 단순한 옷이 아니라 우리 가족의 특별한 순간을 더욱 빛나게 만들어 주는 요소가 될 수 있어요. 색깔과 디자인의 조화, 가족만의 분위기를 담아 낼 수 있는 요소들이 어우러지면 멋진 가족 룩이 완성될 거예요. 또한 전체적인 스타일을 깔끔하게 정리하면 더욱 세련된 느낌을 줄 수 있지요. 디자인이 완성되면 직접 제작하는 것도 좋아요.

티셔츠 DIY 서비스를 이용하면 원하는 디자인을 쉽게 프린트할 수 있어요. 직접 만든 가족 티셔츠를 입고 여행을 가거나 특별한 날 사진을 찍으면 오래도록 기억에 남을 거예요.

가족 티셔츠를 디자인하기 위한 도움 자료

요즘 잘 팔리는 가족 티셔츠 스타일 파악하기

디자인하기 전에 요즘 어떤 스타일이 인기인지 알아보면 좋아요. 인기 쇼핑몰에 가면 잘 팔리는 가족 티셔츠 순위를 볼 수 있는데, 높은 순위에 있는 가족 티셔츠를 참고하면 어떤 디자인이 인기인지 쉽게 알 수 있어요. 예전에는 "최고의 아빠!", "귀여운 막내!" 같은 재미있는 문구가 들어간 티셔츠가 유행했는데, 요즘은 글자가 없는 디자인이 더 인기라고 해요. 디자인은 맞추지만 색상을 달리하거나, 티셔츠 속 캐릭터를 가족 구성원에 맞게 바꾸는 스타일도 많아요. 똑같은 옷을 크기만 다르게 맞춰 입기도 하고요. 자, 그러면 미리 파악한 유행 디자인을 참고해서 가족 티셔츠를 디자인해 볼까요? 가족의 개성을 담을 수 있는 색다른 아이디어를 떠올려 보세요.

직접 그린 우리 가족 일러스트로 티셔츠 제작하기

직접 그린 그림으로 가족 티셔츠를 만들면 훨씬 특별한 옷이 될 거예요. 그림에 자신이 있다면 가족의 모습을 자유롭게 그리고 꾸며 보세요. 손으로 그린 그림이라면 스캔하고, 태블릿이나 컴퓨터로 그린 그림이라면 바로 티셔츠 전사 용지에 출력해 다림질로 붙이면 돼요. 그림 그리는 게 어렵다면 '미리캔버스'나 '캔바' 같은 사이트를 활용해 보세요. 예쁜 그림을 선택하고 원하는 배경과 글씨를 넣어 꾸밀 수 있어요. 이런 사이트에서는 디자인한 티셔츠를 바로 인쇄해 배송해 주기도 해요. 나만의 그림과 개성 넘치는 디자인으로 특별한 가족 티셔츠를 만들어 보세요.

다양한 티셔츠 종류 생각하기

흔히 기본 티셔츠를 떠올리지만, 둥근 목둘레선 반소매 티, 긴소매 티, 후드 티, 지퍼형 후드까지 원하는 스타일을 골라 개성 있게 디자인할 수 있어요. 디자인을 시작하기 전에 온라인에서 가족 티셔츠를 검색해 보세요. 어떤 옷 스타일이 있는지 살펴보면 좋은 아이디어가 떠오를 거예요. 또, 우리 가족이 평소에 자주 입는 옷 스타일도 고려해야 해요. 활동적인 가족이라면 땀을 잘 흡수하는 반팔 티셔츠가 좋고, 야외 활동을 자주 한다면 지퍼형 후드가 실용적일 수 있어요. 티셔츠 종류를 잘 선택하면 가족 모두 편하게 입을 수 있는 특별한 티셔츠가 완성될 거예요.

가족 티 전문 제작 쇼핑몰 빈스패밀리(beansfamily.co.kr)

아이디어를 펼치고 평가하기

여러 가지 상황을 떠올려 봐요

- 우리 가족이 언제 어떤 상황에 입을 가족 티셔츠인가요?
- 함께 입을 가족 구성원은 누구누구인가요?
- 우리 가족의 개성을 어떻게 티셔츠에 담을 수 있을까요?

떠오르는 생각을 전부 적어 봐요

내가 생각한 아이디어 Top 3

내가 생각한 Top 1 아이디어를 평가해요

- 실제 상품으로 나올 법한 현실성이 있는 아이디어인가요? ☆☆☆☆☆
- 입고 싶은 마음이 드는 재미있는 아이디어인가요? ☆☆☆☆☆
- 흔하지 않은 독창적인 디자인인가요? ☆☆☆☆☆
- 우리 가족의 개성을 잘 표현하는 디자인인가요? ☆☆☆☆☆

내가 디자인한 티셔츠를 그림으로 표현해 주세요

나만의 아이디어를 제안하는 글을 써 보세요

 **여러분은 아래 예시보다 내용은 풍부하게, 분량은 길게 써 주세요**

* **문제 상황 알려 주기**   요즘 가족 여행, 가족사진 촬영, 가족 행사 등에서 특별한 의미를 담은 가족 티셔츠를 입는 경우가 늘고 있습니다. 그런데 많은 사람이 비슷한 디자인을 선택하다 보니 가족 티셔츠가 뻔한 느낌이 듭니다. 또한 같은 색깔에 같은 문구가 들어간 티셔츠를 입으면 왠지 촌스러운 느낌이 들 때도 있습니다. 따라서 우리 가족만의 개성을 살리면서도 멋진 가족 티셔츠를 만들고자 합니다.

* **내 아이디어 설명하기**   저는 맨투맨 스타일 티셔츠에 작은 브랜드 로고나 작은 그림이 왼쪽 위에 들어간 디자인을 좋아합니다. 그래서 가족 티셔츠도 이런 스타일로 만들고 싶습니다. 우리 가족 얼굴을 귀엽게 그려서 우리 가족만의 로고를 만든 뒤, 이 로고를 티셔츠의 왼쪽 위에 작게 배치하고자 합니다. 티셔츠 색상을 다 다르게 해서 디자인의 통일감을 주면서도 각자의 개성이 드러날 수 있게 할 계획입니다.

* **내 아이디어의 장점 소개하기**   우리 가족의 얼굴을 활용한 로고라 가족 티셔츠라는 느낌이 확실히 들 것 같습니다. 하지만 로고를 작게 배치해서 너무 튀지 않도록 하였기에 세련된 느낌을 줄 수 있습니다. 이렇게 디자인하면 평소에도 편하게 입을 수 있어 실용적이면서도 특별한 가족 티셔츠를 만들 수 있습니다.

08 기념일이 더욱 특별해지는 기발한 선물

오래 기억될 선물을 찾아볼까?

가족은 내 삶에서 가장 소중한 사람들이에요. 그래서 우리는 가족만의 특별한 날을 기념하며 선물을 주고받죠. 어린이날과 어버이날은 물론 생일, 부모님의 결혼기념일, 형제자매의 졸업식 같은 날이 그런 날이죠. 이런 기념일은 오래도록 기억할 수 있는 소중한 순간이자 가족을 더욱 끈끈하게 만들어 주는 날이에요.

기념일을 더욱 특별하게 만드는 선물이 더욱 다양해지고 있어요. 예전에는 꽃다발이나 케이크가 전부였는데, 요즘은 재미와 감동을 더한 기발한 아이디어 상품이 많아요. '이걸 어떻게 생각해 낸 거지?' 싶을 정도죠. 얼마 전까지 어버이날 효도템으로 '대왕 카네이션 머리띠'가 유행이었어요. 물론 이제는 이런 아이디어 상품을 많은 사람이 주고받으면서 점차 흔한 아이디어가 되었지만요.

내가 이런 선물을 만드는 기획자라면 어떤 아이디어를 생각해 볼 수 있을까요? 선물은 단순히 주고받는 것이 아니라, 서로를 더 가까이 이어주는 역할을 해요. 기발한 아이디어가 담긴 선물은 진한 감동을 줄 뿐만 아니라 가족이 함께하는 시간을 더욱 소중하게 만들어 줘요. 재미있고 감동적인 선물을 상상해 보세요. 독창적인 아이디어가 담긴 선물을 준비해 가족에게 특별한 감동과 추억을 만들어 주세요.

특별한 가족 선물을 찾기 위한 도움 자료

연령대별로 선호하는 선물 분석하기

무엇보다 받는 사람이 좋아할 선물로 골라야 해요. 아무리 기발한 아이디어 상품이라도 받는 사람이 선호하지 않는 선물이라면 감동이 덜하거든요. 뉴스 보도에 따르면, 부모님이 받고 싶어 하는 선물은 용돈, 의류, 여행/관광 상품, 건강 식품, 카네이션 순이었어요. 받기 싫은 선물은 책, 케이크, 꽃다발 순이었고요. 책은 '열심히 살라는 압박'처럼 느껴지고, 케이크와 꽃다발은 '형식적인 느낌'이 강해 부담스럽다고 해요. 어린이와 청소년은 어떤 선물을 좋아할까요? 뉴스 보도에 따르면 장난감, 게임, 최신 전자 기기, 원하는 브랜드의 옷이나 신발을 선호했어요. 반면 학습 관련 물품은 환영받지 못했어요. 선물을 고를 때는 받는 사람의 취향을 잘 파악하는 것이 가장 중요해요.

어버이날 부모님이 받고 싶은 선물(출처: SBS 뉴스 유튜브)   어버이날 부모님이 받기 싫은 선물(출처: SBS 뉴스 유튜브)

재미있는 선물 다양하게 둘러보기

센스 있는 선물을 기획하려면 아이디어 상품을 다양하게 살펴보는 게 먼저예요. 온라인 쇼핑몰에서 '가정의 달'을 검색하면 가족을 위한 독특한 선물이 쏟아져 나와요. 선생님은 '아이디어스(idus.com)'라는 온라인 쇼핑몰을 추천해요. 개성 넘치는 작가들이 직접 만든 어디서도 볼 수 없는 창의적인 선물이 가득하거든요. 무엇보다 상품이 자주 업데이트되어 새로운 아이디어를 구경하는 재미도 쏠쏠해요. "와, 저런 생각을 어떻게 했지?" 하고 감탄이 절로 나올 거예요. 이렇게 다양한 선물을 구경하다 보면 새로운 아이디어가 떠오를 수도 있어요.

받는 사람이 감동할 수 있는 포인트 공략하기

선물에서 가장 중요한 건 마음이에요. 아무리 비싼 선물도 진심이 담기지 않으면 감동이 떨어지지만, 작은 선물도 마음이 담기면 감동을 줄 수 있어요. 물질이 풍요로워질수록 사람들은 따뜻한 마음을 더 그리워한다고 해요. 예를 들어볼까요? 요즘 가족끼리 축하금이나 경조금을 보낼 때 카카오톡이나 은행 앱으로 간단히 보내죠. 그런데 우체국에서는 '현금 배달 서비스'를 운영하고 있어요. 멀리 계신 할머니·할아버지가 돈을 봉투에 담아 보내면, 집배원이 손주에게 직접 전달해 주는 방식이에요. 같은 돈이라도 이렇게 전달되면 정성이 느껴져서 더 감동적이겠죠? 어떻게 하면 받는 사람이 감동할 수 있을까요? 진심을 전할 수 있는 선물 아이디어를 떠올려 보세요.

아이디어를 펼치고 평가하기

여러 가지 생각을 떠올려 봐요

- 누구를 위한 선물인가요?
- 무엇을 언제 기념할 선물인가요?
- 감동, 재미, 센스 중 어떤 점에 집중할 건가요?

떠오르는 생각을 전부 적어 봐요

내가 생각한 아이디어 **Top 3**

내가 생각한 Top 1 아이디어를 평가해요

- 실제 상품으로 나올 법한 현실성이 있는 아이디어인가요? ☆☆☆☆☆
- 갖고 싶은 마음이 드는 재미있거나 감동적인 아이디어인가요? ☆☆☆☆☆
- 흔하지 않은 독창적인 아이디어인가요? ☆☆☆☆☆
- 주는 사람이 아닌, 받는 사람이 좋아할 만한 아이디어인가요? ☆☆☆☆☆

내가 기획한 선물 아이디어를 그림으로 표현해 주세요

나만의 아이디어를 제안하는 글을 써 보세요

 **여러분은 아래 예시보다 내용은 풍부하게, 분량은 길게 써 주세요**

* **문제 상황 알려 주기**   가족 기념일은 가족에 대한 사랑과 감사의 마음을 전하는 날입니다. 하지만 이런 날을 '선물 받는 날'로만 생각하거나, 저는 부모님께 선물을 받으면서도 정작 저는 부모님 기념일엔 소홀하기도 합니다. 그래서 저는 올해 부모님 생신을 축하하는 선물을 고민해 보았습니다.

* **내 아이디어 설명하기**   저는 영화 〈러브 액츄얼리〉의 유명한 스케치북 프러포즈에서 영감을 얻어 '출근길 감동 메시지'를 기획했습니다. 부모님이 아침에 일어나 문을 나서는 순간부터 차에 타기까지의 동선을 미리 파악한 뒤, 그 길 곳곳에 축하 메시지를 붙여 두는 것입니다. 예를 들어 현관문을 열면 "엄마, 오늘은 세상에서 제일 멋진 분의 생일이에요!", 엘리베이터를 타면 "항상 저를 응원해 주셔서 감사해요!" 같은 문구를 보실 수 있게 하는 겁니다. 그리고 차 안에는 비타민 음료와 손 편지, 작은 LED 전구를 놓아 두어 따뜻한 분위기를 연출하려고 합니다.

* **내 아이디어의 장점 소개하기**   돈이 적게 들지만, 준비 과정에 노력과 정성이 들기에 마음을 온전히 전할 수 있습니다. 남녀노소 누구나 쉽게 따라 할 수 있다는 것도 장점입니다. 스케치북 프러포즈만큼 유명한 방법이 되어 많은 친구가 부모님께 진심을 전할 수 있으면 좋겠습니다.

09 교장 선생님, 말씀이 너무 지루해요

훈화는 어떻게 해야 재미있을까?

한 달에 한 번 학교 조회, 그날엔 어김없이 교장 선생님이 훈화 말씀을 시작해요. 주로 '공부 열심히 하자', '친구들과 사이좋게 지내자', '규칙을 잘 지키자' 같은 내용인데, 중요한 내용인 건 알아도 솔직히 너무 지루해요. 처음엔 분명 열심히 듣는데 어느새 눈은 먼 산을 바라보고 있어요. 머릿속엔 '오늘 점심은 뭐가 나올까?' 같은 딴생각이 맴돌고요. '왜 이렇게 재미없을까?'라는 생각을 하다가 '내가 만약 교장 선생님이라면?' 하는 생각이 떠올랐어요. 선생님이라면 아이들이 딴생각할 틈이 없을 만큼 재미있고 흥미로운 이야기를 준비할 것 같거든요.

요즘은 '말하기'와 '발표'의 중요성이 더욱 커지고 있어요. 뉴스에서도 대학교 졸업식 연설을 멋지게 해 화제가 된 유명인 이야기가 종종 나와요. TED 강연이나 〈세바시, 세상을 바꾸는 시간〉 강연은 듣는 사람에게 감동을 주고 마음에 큰 변화를 일으키기도 해요. 기업에서는 신제품 발표회를 얼마나 잘했느냐에 따라 제품의 운명이 갈리기도 하고요.

그래서 오늘은 멋진 발표 내용 만들기 연습을 해 볼 거예요. 여러분이 교장 선생님이 되었다고 가정하고, 훈화 말씀을 재미있는 스타일로 바꾸는 거죠. 자, 친구들이 감탄할 만한 훈화 말씀을 준비해 볼까요?

멋진 발표를 위한 도움 자료

'발표의 신' 하면 스티브 잡스를 떠올리는 사람이 많아요. 스티브 잡스는 아이폰을 만든 애플 회사의 창립자예요. 그는 혁신적인 아이디어가 돋보이는 제품을 만들어 세상에 내보였는데, 아이디어 못지않게 발표도 탁월하여 늘 화제가 되었어요. 도대체 어떻게 발표했길래 화제가 되었는지 살펴볼까요?

❶ **흥미롭게 시작하기**: 발표를 시작할 때 청중의 관심을 끌어 보세요. 재미있는 이야기나 놀라운 정보를 말하면 좋아요. 스티브 잡스는 "오늘 우리는 역사를 만들 것입니다." 같은 멋진 문장으로 발표를 시작했어요.

❷ **간단하고 명확하게 말하기**: 청중이 쉽게 이해할 수 있도록 짧고 간단하게 말하세요. 쉬운 단어로 짧게 설명해야 청중이 집중하거든요.

❸ **그림과 사진 활용하기**: 발표 자료에는 글을 줄이고 그림이나 사진을 활용하세요. 그림은 내용을 쉽고 직관적으로 전달하거든요.

❹ **재미있는 이야기 넣기**: 발표할 때 흥미로운 에피소드를 더하면 청중이 더 집중할 거예요. 발표 주제와 관련된 경험을 더해 보세요.

❺ **문제와 해결책 제시하기**: 어떤 문제를 말하고, 그 문제를 해결할 방법을 알려 주세요. 스티브 잡스는 사람들이 공감할 수 있도록 문제를 먼저 이야기하고 바로 이어서 해결책을 제시했어요.

❻ **눈을 맞추며 발표하기**: 청중과 눈을 맞추며 발표하면 진정성이 더해져요. 스티브 잡스도 항상 청중을 바라보며 이야기했답니다.

❼ **연습은 필수**: 스티브 잡스도 발표 연습을 수없이 했다고 해요. 연습한 횟수만큼 발표가 자연스러워지고 자신감도 붙을 거예요.

스티브 잡스의 발표 방법 정리
(출처: EBS재미있는상식 유튜브)

발표를 잘하고 싶다면! 발표 치트 키 7가지
(출처: 미키디피아 유튜브)

교장 선생님의 졸업식 헌사 바꿔 보기

초등학교 졸업식, 일반적인 교장 선생님 말씀

"사랑하는 졸업생 여러분, 학부모님, 그리고 오늘 이 자리를 빛내 주신 내빈 여러분, 안녕하십니까. 오늘은 여러분의 졸업을 축하하며, 새로운 시작을 기념하는 뜻깊은 날입니다. 초등학교라는 첫 관문을 통과한 여러분이 매우 자랑스럽습니다.

처음 이곳에 들어왔을 때의 모습을 떠올려 보세요. 서투른 걸음걸이로 교실 문턱을 넘던 여러분이 이제는 책임감 있는 모습으로 이 자리에 서 있습니다. 지난 6년간 여러분은 많은 것을 배우고, 다양한 경험을 쌓았습니다. 공부뿐만 아니라 친구와의 우정, 규칙을 지키는 법, 협동과 배려의 중요성까지 모두 소중한 자산으로 남았을 것입니다.

초등학교는 여러분의 배움과 성장의 기초를 다진 시간입니다. 그러나 이제는 더 넓은 세상으로 나아갈 때입니다. 중학교는 새로운 배움과 더 큰 도전을 경험할 수 있는 곳입니다. 때로는 어려운 순간이 찾아올 수도 있습니다. 하지만 초등학교에서 다진 노력과 끈기가 여러분의 길을 밝혀 줄 것입니다. 실패를 두려워하지 말고, 작은 성공을 하나씩 쌓아 가는 여러분이 되길 바랍니다.

여러분을 위해 아낌없는 사랑과 노력을 기울이신 학부모님들께도 깊은 감사의 말씀을 전합니다. 또한 여러분을 바르게 이끌어 주신 선생님들께도 진심으로 감사드립니다. 이 모든 사랑과 관심이 모여 여러분의 성장을 만들어 냈습니다. 여러분 모두의 앞날에 밝은 빛과 무한한 행복이 함께하길 기원합니다. 졸업을 진심으로 축하합니다. 감사합니다."

교장 선생님 말씀을 인상적으로 바꾸려면 어떻게 해야 할지 함께 생각해 봐요

- 어떻게 하면 흥미롭게 시작할 수 있을까요?
- 어떻게 하면 메시지를 명확하게 전달할 수 있을까요?
- 어떤 사진과 그림을 사용하면 효과적일까요?
- 교장 선생님의 개인적인 경험을 어떻게 넣어야 내용을 풍부하게 만들 수 있을까요?
- 발표 내용과 어울리는 문제와 해결책이 있나요?
- 어느 시점에 청중과 눈을 마주치면 좋을까요? 시선을 마주치는 포인트도 고려해요.

내가 교장 선생님이라고 생각하고 초등학교 졸업식 헌사를 써 보세요

 **여러분은 아래 예시보다 내용은 풍부하게, 분량은 길게 써 주세요**

> 여러분은 오늘 퍼즐을 완성한 날입니다. 여러분은 지난 6년 동안 한 조각 한 조각씩 '초등학교 생활'이라는 퍼즐을 완성하였습니다. **(1. 흥미롭게 시작하기)**
>
> 첫 글씨를 배우고, 처음으로 친구들과 함께 웃고, 때로는 어려움을 함께 극복하며 퍼즐의 한 조각씩 만들어 왔습니다. 퍼즐 조각 중에는 화려한 것도 있고, 단순한 것도 있었을 것입니다. 하지만 모든 조각이 중요했고, 이 조각들이 서로 맞춰지며 여러분의 그림이 완성되었습니다. **(3. 사진과 그림 활용하기- 화면에 학교생활의 추억을 담은 퍼즐 조각이 하나하나 맞춰지는 모습을 띄울 수 있음)**
>
> 중학교는 여러분이 퍼즐을 더 크게 만들어 가는 첫걸음입니다. 새로운 조각을 찾을 기회가 많을 것입니다. 때로는 퍼즐을 완성해 가는 데에 어려움이 따를 수도 있습니다. 하지만 실수를 통해 배운다는 것, 그리고 조금씩 맞춰 나가는 과정이야말로 진짜 성장이 아닐까요? **(5. 문제와 해결책 제시하기 - 실수와 실패를 긍정적으로 재해석함)**
>
> 여러분이 지금까지 이 자리에 설 수 있었던 것은 여러분만의 노력이 아니라, 부모님과 선생님들이 여러분의 퍼즐을 함께 만들어 주셨기 때문입니다. 여러분이 이 사랑을 기억하며, 앞으로 여러분의 작품에 더 큰 사랑을 담아 주길 바랍니다. **(6. 눈을 맞추며 발표하기 - 부모님과 선생님께 감사의 마음을 전달함)**
>
> 여러분의 퍼즐은 아직 끝나지 않았습니다. 오늘은 여러분이 다음 단계의 퍼즐을 시작하는 날입니다. 여러분의 중학 생활 역시 세상에 빛나는 작품이 될 것임을 믿습니다. 졸업을 진심으로 축하합니다. 감사합니다.

 **졸업 사진으로 유명해진 학교가 있다고?**

우리 학교만의 시그니처 만들기

'명문 학교'라는 말을 들어 본 적 있나요? 보통 명문 학교 하면 공부를 잘하는 학생이 많거나, 훌륭한 선생님과 교육 프로그램이 있는 학교를 떠올리죠. 하지만 공부가 아닌 독특한 개성으로 유명한 학교도 있다는 사실을 알고 있나요?

당장 의정부에 있는 한 고등학교는 졸업 사진으로 유명해졌어요. 아이돌, 영화 캐릭터, 심지어 유행하는 곤충까지 패러디하는 학생들 덕분에 매년 졸업 사진이 인터넷에서 화제가 되곤 하죠. 이외에도 학교 급식에 눈꽃새우 리소토나 랍스터 같은 레스토랑 메뉴가 나와 유명해진 학교도 있고, 유명 디자이너가 디자인한 화려하면서도 품격 있는 교복으로 인기를 끈 학교도 있어요. 등나무꽃이 활짝 피는 포토존이 있어 이름을 알린 학교 등 자연환경이나 건축물로 유명해진 학교도 있고요.

요즘 '시그니처'라는 단어를 자주 듣는데, 시그니처는 쉽게 말해 '대표'를 뜻해요. 학교의 시그니처는 그 학교만의 대표적인 특징을 말하는 거죠. 우리 학교에도 이런 '시그니처'를 만들어 보면 어떨까요? "저 ○○초등학교 다녀요!"라고 말했을 때 "아, 그 학교!" 하고 사람들이 알아보면 어깨가 으쓱할 것 같지 않나요? 자 그럼, 우리 학교만의 시그니처를 만들기 위한 아이디어를 떠올려 볼까요?

시그니처가 있는 학교들 사례

재미를 보장하는 우리 학교만의 '시그니처'

'의정부고 졸업 사진'은 2009년부터 시작되었는데, 학생들이 사진에 개성과 재미를 담아 내면서 그 학교만의 전통으로 자리 잡았어요. 특히 2015년에는 배우 김소현의 포카리스웨트 광고를 완벽하게 재현하며 큰 화제를 모았어요. 의정부고 졸업 사진의 매력은 학생들이 스스로 아이디어를 내고, 창의력과 재치를 발휘한다는 점이에요. 비싼 소품 없이도 독창적으로 모든 걸 해결하는 모습이 멋지지 않나요? 우리 학교도 이렇게 모두가 즐겁게 참여할 수 있는 '시그니처'를 만들어 보면 어떨까요? 꼭 졸업 사진이 아니어도 좋아요. 우리만의 전통을 함께 만들어 보아요.

의정부고 국사 선생님이 소개해 주는 의정부고 졸업 사진의 역사 (출처: tvN Joy 유튜브)

러브버그부터 민희진 '멱살'까지…2024 의정부고 졸업 사진 (출처: JTBC 뉴스 유튜브)

의미 있는 배움을 보장하는 우리 학교만의 '시그니처'

미국 캘리포니아주의 힐스데일 고등학교에서는 매년 '윌리엄 골딩 재판'이라는 특별한 행사가 열려요. 재판은 '윌리엄 골딩이 《파리대왕》에서 인간 본성을 모독했다'는 혐의를 받는 것으로 시작해요. 학생들은 변호사, 판사, 증인, 배심원 등을 연기해요. 증인으로 마크 트웨인이나 간디 같은 역사 속 인물이 등장하기도 해요. 무려 두 달간 팀을 꾸려 자료를 조사하고 역할을 연습하는데, 재판 당일에는 부모님까지 배심원으로 참여해 윌리엄 골딩이 유죄인지 무죄인지 판결을 내리는 행사예요. 이 행사는 단순한 이벤트가 아니라 아이들이 서로 다른 의견을 나누고 설득하며 비판적 사고와 문제 해결 능력을 키우는 기회예요. 재판 당일의 성취감은 아이들에게 잊지 못할 순간으로 남는다고 해요. 우리 학교도 친구들이 즐겁게 참여하며 배울 수 있는 특별한 활동을 만들어 보면 어떨까요?

아름다움을 보장하는 우리 학교만의 '시그니처'

학교도 관광 명소가 될 수 있어요. 충남 당진의 합도초등학교는 매년 5월이면 보랏빛 등나무 꽃이 활짝 펴 몽환적인 풍경을 자랑해요. 운동장의 한쪽 면을 가득 채운 등나무는 그늘을 만들어 줄 뿐 아니라 포도송이처럼 늘어진 꽃들 덕분에 사진 촬영 명소로 소문이 났답니다. 또 다른 사례로 제주도 더럭초등학교가 있어요. 무지개색 건물로 전국적인 인기를 얻었는데, 삼성전자의 컬러 프로젝트로 학교가 화려하게 단장되면서 TV 광고에도 등장했어요. 우리 학교에도 이렇게 아름다움을 강조한 특별한 공간을 만들어 보면 어떨까요?

아이디어를 펼치고 평가하기

이런 아이디어는 현실성이 부족해요

너무 많은 돈이 들거나 학생 스스로 결정하기 어려운 아이디어는 현실화하기 어려워요.
- 예) 학교 건물에 돈이 많이 드는 시설을 만들자는 의견
- 예) 유명한 셰프를 급식실에 고용해 매일 맛있는 급식을 먹을 수 있게 하자는 의견

떠오르는 생각을 전부 적어 봐요

내가 생각한 아이디어 Top 3

내가 생각한 Top 1 아이디어를 평가해요

- 실현할 수 있는 아이디어인가요? ☆☆☆☆☆
- 쉽고 편리하게 실행할 수 있는 방법인가요? ☆☆☆☆☆
- 흔하지 않은 독창적인 아이디어인가요? ☆☆☆☆☆
- 우리 학교만의 '시그니처'를 만드는 데 도움이 되는 아이디어인가요? ☆☆☆☆☆

여기서 잠깐 옛 TV 청소년 프로그램에서 아이디어를 얻어 보아요

아이디어가 쉽게 떠오르지 않는다면 인기 있었던 청소년 프로그램에서 아이디어를 얻을 수도 있어요. 예를 들면 KBS 〈도전! 골든벨〉도 그중 하나예요. 재미있고 유익한 퀴즈 대회를 만들고, 매년 '우리 학교 골든벨 대회'를 열어 보는 거죠. 퀴즈 주제는 아이들이 배우는 교과 내용이나 상식, 학교의 역사처럼 우리만의 색깔을 담으면 좋겠죠. 친구들과 재미있는 추억을 쌓을 수 있고, 학교는 멋진 전통도 세울 수 있을 거예요. SBS 〈기쁜 우리 토요일〉 속 코너였던 '영파워 가슴을 열어라'도 참고하기 좋아요. 학생들이 학교 옥상에 올라가, 하고 싶은 말을 큰 목소리로 외치는 프로그램인데, 재미도 있고 속이 뻥 뚫리는 시원한 내용이라 인기가 많았답니다. 이 프로그램을 가져와 자기 생각과 꿈을 자유롭게 표현하는 시간을 가져 보는 거예요. 우리만의 특별한 시그니처를 만들어가는 재미, 정말 멋지지 않나요?

나만의 아이디어를 제안하는 글을 써 보세요

 **여러분은 아래 예시보다 내용은 풍부하게, 분량은 길게 써 주세요**

* **문제 상황 알려 주기** 요즘 '시그니처'라는 말이 유행입니다. 음식점이나 카페에 가도 가게를 대표하는 '시그니처' 메뉴가 있습니다. 그런데 최근에는 재미있고 독특한 개성으로 자신만의 '시그니처'를 가진 학교도 생겨났습니다. 저는 우리 학교도 우리 학교만의 시그니처를 만들면 좋겠다고 생각하였습니다.

* **내 아이디어 설명하기** 저는 학생이 만드는 축제를 우리 학교의 '시그니처'로 제안합니다. 고등학교와 대학교에서는 학생들이 직접 축제를 만든다고 합니다. 영상에서 보니 무척 재미있어 보였습니다. 초등학교는 체육대회와 학예회가 있지만 학생이 직접 아이디어를 내지는 않습니다. 게다가 재미도 부족합니다.

* **내 아이디어의 장점 소개하기** 학생들이 직접 아이디어를 낸다면 재미있고 참신하며 다양한 축제 프로그램이 나올 수 있습니다. 그중에서도 독특하고 반응이 좋은 프로그램은 온라인에 퍼져 우리 학교가 유명해질 수도 있습니다. 꼭 널리 퍼지지 않더라도 학생들이 직접 낸 아이디어이므로 그날만큼은 학생들이 누구보다 신나게 즐길 수 있습니다. 또한 축제를 준비하는 과정에서도 학생들이 많은 것을 배울 수 있다고 생각합니다.

11 청소를 슬쩍 빠지는 친구가 있다고?

함께해서 덜 힘들고 더 즐거운 청소법 찾기

수업이 다 끝난 교실을 떠올려 보세요. 여기저기 떨어져 뒹구는 쓰레기, 정리되지 않고 흩어져 있는 책상 위 물건들…. 특히 미술 시간에 만들기를 한 날은 그야말로 난장판이죠. 이럴 때 다 같이 힘을 모아 정리하고 청소해야 하지만, 현실에서는 '나 하나쯤 안 해도 괜찮겠지.'라며 대충 하거나 손을 놓는 아이들이 있어요.

교실은 청소해 주시는 분이 따로 있지 않아 조금만 방심해도 금방 더러워지는 장소예요. 청소를 제대로 하지 않고 하루이틀만 넘겨도 바닥에는 쓰레기가 나뒹굴고 구석에는 먼지가 쌓이고 창틀에는 거미줄이 생겨요. 그러다가 어느 날 바퀴벌레가 생기기도 해요. 바퀴벌레가 교실을 돌아다닌다고 생각하니 끔찍하지 않나요?

교실 청소는 다 함께 해야 하는 일이에요. '나 하나쯤은' 하며 빠지기 시작하면 누구도 하지 않는 일이 되어 버려요. 반대로 모두가 조금만 열심히 하면 금방 끝낼 수 있는 일이기도 하지요. 청소는 스스로 사용하는 공간을 정리하고 책임감을 배우는 기회이기도 해요. 어른이 되면 자기 주변을 스스로 관리해야 하듯이, 학교에서도 청소를 통해 책임감을 기를 수 있는 거죠.

자 그럼, 다 같이 힘을 모아 재미있고 신속하게 교실 청소를 확실히 끝낼 방법을 찾아볼까요? 우리 교실을 반짝반짝 쾌적한 공간으로 만들 수 있도록 멋진 아이디어를 생각해 주세요.

선생님이 제안하는 몇 가지 아이디어

청소 관련 유튜브 영상 틀어 놓기

교실 청소를 대충 하는 친구가 있다면, 열심히 청소하는 모습을 담은 유튜브 영상을 틀어 주세요. 일본인 곤도 마리에는 깔끔한 정리와 청소로 유명한 전문가인데, 그녀의 영상을 보면 정리된 공간에서 느껴지는 뿌듯함이 전해질 거예요. 또 가수 브라이언도 청소를 진짜 잘하고 열심히 하기로 유명한데, 그의 청소 브이로그(영상 일기)를 보면 청소가 놀이처럼 느껴질 수도 있어요. 이런 영상을 틀어 두면 '나도 이렇게 해볼까?'라는 생각이 들고, 청소가 더 즐거워질지도 몰라요. 또 재미있는 영상 덕분에 청소 시간이 순식간에 지나갈지도 몰라요.

원하는 음악을 들으며 신나게 청소하기

청소 시간이 재미없다고 느끼는 친구들이 많죠? 그런데 좋아하는 음악과 함께라면 어떨까요? 청소하기 전에 친구들이 듣고 싶은 음악 목록을 미리 받아 보는 거예요. 신나는 노래가 나오면 청소도 리듬에 맞춰 춤추듯 즐길 수 있을 거예요. 빗자루를 기타처럼 들고 에어 기타를 연주해 보거나, 걸레질도 마치 춤 동작처럼 해 본다면? 이렇게 하면 평소엔 귀찮기만 하던 구석구석 청소도 마법처럼 재미있어질 거예요. 친구들과 함께하는 음악 청소 타임, 벌써 기대되지 않나요?

청소하며 보물을 찾아라

청소 시간마다 '보물찾기' 게임을 도입하면 어때요? 청소를 하기 전에 선생님이 교실 곳곳에 작은 보물쪽지를 몰래 숨겨 두는 거예요. 이 보물은 구석구석 청소를 해야 발견할 수 있답니다. 쪽지 안에는 아이들이 좋아할 만한 간식 이름이 적혀 있어요. 예를 들어, 초콜릿, 젤리, 쿠키 등이 있어요. 아이들은 보물을 찾는 설렘에 더욱 열심히 청소하고, 보물을 발견하면 간식을 받을 수 있으니 동기부여도 팍팍 되겠죠? 교실은 깨끗해지고, 아이들은 즐겁고, 간식까지 얻는 1석 3조의 아이디어, 더 이상 청소 시간이 지루하지 않을 거예요.

아이디어를 펼치고 평가하기

우리 반 상황에 대해 생각해 봐요

- 다 같이 열심히 청소하는 데 걸림돌이 되는 것은 무엇인가요?
- 열심히 청소하지 않는 친구가 있는 이유는 무엇일까요?
- 우리 반 친구들은 어떤 상황에서 잘 협동하나요?

떠오르는 생각을 전부 적어 봐요

내가 생각한 아이디어 Top 3

내가 생각한 Top 1 아이디어를 평가해요

- 실현할 수 있는 아이디어인가요? ☆☆☆☆☆
- 쉽고 편리하게 실행할 수 있는 방법인가요? ☆☆☆☆☆
- 흔하지 않은 독창적인 아이디어인가요? ☆☆☆☆☆
- 친구들이 다 같이 열심히 청소하는 데 도움이 되는 아이디어인가요? ☆☆☆☆☆

여기서 잠깐 | 정리 정돈, 청소와 관련된 다양한 직업이 있어요

청소와 정리는 얼핏 보면 간단해 보여도 매일 꾸준히 하기가 만만치 않아요. 그런데 이런 어려움을 해결해 주는 직업이 있어요. 바로 정리 컨설턴트예요. 정리 컨설턴트로 유명한 곤도 마리에는 '설레지 않으면 버려라'라는 정리 철학을 가지고 있어요. 어릴 때부터 정리에 관심이 많아 자신만의 정리 방법을 개발했는데, 이 방법은 효율성도 높지만 정리하는 사람의 자존감까지 끌어올려 준다고 해요. 청소와 정리를 전문적으로 배우고 자격증을 취득하면 몇 가지 직업을 가질 수 있어요. 예를 들면 청소 관리사가 있어요. 깨끗한 환경을 만드는 전문가인데, 단순히 청소만 하는 게 아니라 주변 환경을 더 쾌적하게 만들고 삶의 질을 높이는 선진 기술을 활용해요. 또 정리 수납 전문가가 있어요. 정리 수납 전문가는 공간에 맞게 물건을 체계적으로 정리해서 생활과 업무를 더 편리하게 만들어 준답니다.

나만의 아이디어를 제안하는 글을 써 보세요

 **여러분은 아래 예시보다 내용은 풍부하게, 분량은 길게 써 주세요**

* **문제 상황 알려 주기** 우리가 집만큼 오랜 시간을 보내는 장소가 학교입니다. 특히 교실은 우리가 학교에서도 대부분의 시간을 보내는 곳입니다. 하지만 많은 친구가 교실 위생과 청결에 소홀합니다. 그렇다 보니 교실에서 벌레가 나오는 경우도 생깁니다. 우리가 많은 시간을 보내는 공간인 만큼 다 같이 힘을 합쳐 깨끗하게 청소하고 관리해야 합니다.

* **내 아이디어 설명하기** 저는 '신나는 음악이 있는 청소 시간'을 제안합니다. 청소 시간에 듣고 싶은 노래와 간단한 사연을 함께 적어 신청곡 함에 넣도록 합니다. 청소 시간에는 우리 반 친구들이 적은 사연을 소개하고 노래를 틀어 줍니다.

* **내 아이디어의 장점 소개하기** 친구들이 적은 재미있는 사연, 공감되는 사연과 함께 신나는 노래를 듣는다면 지루한 청소 시간이 즐거운 시간으로 바뀌게 될 것입니다. 또한 친구들이 적은 사연을 들으며 친구에 대해 몰랐던 사실을 알 수 있고, 청소를 하며 친구에게 힘이 되는 이야기나 공감의 말을 건넬 수 있어 우정도 돈독해질 수 있습니다. 이런 경험을 한두 번 하다 보면 아이들이 청소 시간을 기다리게 되어 적극적으로 청소하게 되고 우리 교실도 훨씬 깨끗해질 것입니다.

12 요즘 학교에서는 재미있는 선물이 대세

감각 있는 우리 반 선물을 찾아볼까?

선생님들에게 기념품이나 선물을 받은 적이 있을 거예요. 입학식, 어린이날, 운동회, 졸업식 같은 큰 행사부터 학급에서 특별한 날을 기념하는 소소한 이벤트까지요. 요즘은 전통적인 기념일뿐 아니라 학급의 100일, 빼빼로데이, 핼러윈 같은 특별한 날도 챙기는 선생님이 많아졌어요. 예전에는 학교에서 주는 선물이 대부분 비슷했어요. 학교 이름이 새겨진 칫솔 세트, 연필, 공책, 수건 같은 것이었죠. 하지만 요즘은 달라요. 간식부터 학용품, 생활용품, 의류 등 종류도 다양하지만 학급의 개성을 담은 맞춤 제작 선물도 있어요.

인터넷 쇼핑몰만 들어가 봐도 신기하고 독특한 아이디어 선물이 가득해요. '이걸 어떻게 생각해 냈지?' 싶은 물건부터 '우리 반에는 딱 이거다!' 싶은 물건까지 정말 다양하죠.

여러분이 선생님이 되어 우리 반 아이들을 위한 선물을 만든다면 무엇이 좋을까요? 여러분의 개성을 담아 감동과 즐거움을 주는 선물이면 좋겠죠? 선생님과 학생들 간의 특별한 추억을 만들어 주는 매개체가 되면 더 좋고요. 어떤 선물이 감각 있고 의미 있을지 생각해 보세요. 어쩌면 여러분이 만든 선물이 모든 학교에서 유행하는 인기 아이템이 될지도 몰라요.

학교에서 많이 하는 선물 목록

간식에 아이디어를 더하자

아이들에게 가장 인기 있는 선물은 달콤한 간식이에요. 요즘은 기성품에 재치 있는 패러디 스티커나 귀여운 메시지를 붙여 특별함을 더해요. '구디백(Goody Bag)'을 활용한 간식 선물도 많고요. 구디백은 맛있는 간식을 예쁜 가방에 담은 선물로, 안에 뭐가 들어 있을지 기대감을 줘서 재미도 있어요. 이 밖에도 알록달록한 수제 사탕, 귀여운 머랭 빼빼로, 먹기 아까울 정도로 예쁜 레터링 케이크까지 보기만 해도 기분 좋아지는 간식이 인기예요. 여러분은 어떤 센스 있는 간식 선물을 만들고 싶은가요?

 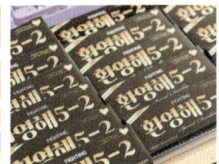  

세상에서 오직 하나, 맞춤 디자인 선물

우리 반만의 특별한 추억을 담은 맞춤 디자인 선물도 추천해요. 간단하게는 연필, 샤프, 볼펜 같은 문구류에 우리 반 친구들 이름이나 귀여운 문구를 새길 수 있어요. 요즘은 볼펜에 사진을 넣을 수도 있어 단체 사진을 넣어 특별함을 더하기도 해요. 창의력을 발휘하면 친구들의 얼굴을 캐릭터로 그려 학급 티셔츠를 만들거나, 추억이 담긴 사진으로 분위기 등이나 텀블러를 제작할 수도 있어요. 이런 선물은 세상 어디에도 없는 우리 반만의 아이템이니까 친구들에게도, 선생님에게도 잊지 못할 추억이 될 거예요. 여러분은 어떤 물건에 맞춤 디자인한 학급 선물을 만들고 싶나요?

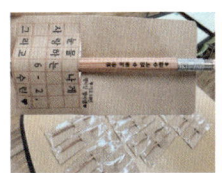   

여기서 잠깐 | 맹이샘 유튜브도 참고해 봐요

선생님이 운영하는 유튜브에는 아이들에게 인기 있었던 선물을 정리한 영상이 있어요. 참고하면 아이디어가 떠오를 거예요.

절대 실패 없는 학급 선물 추천 아이템

아이디어를 펼치고 평가하기

이렇게 생각해 볼 수 있어요

- 이미 있는 간식류에 재미있는 패러디 스티커를 붙이는 방법
- 친구들이 많이 사용하는 학용품류를 맞춤 디자인하는 방법
- 우리 반을 오래도록 추억할 수 있는 상품을 찾아보는 방법

떠오르는 생각을 전부 적어 봐요

내가 생각한 아이디어 Top 3

내가 생각한 Top 1 아이디어를 평가해요

- 실현할 수 있는 아이디어인가요? ☆☆☆☆☆
- 쉽고 편리하게 실행할 수 있는 방법인가요? ☆☆☆☆☆
- 흔하지 않은 독창적인 아이디어인가요? ☆☆☆☆☆
- 친구들이 좋아할 만한 감각 있고 의미 있는 선물인가요? ☆☆☆☆☆

내가 생각한 선물을 그림으로 표현해 주세요

나만의 아이디어를 제안하는 글을 써 보세요

 **여러분은 아래 예시보다 내용은 풍부하게, 분량은 길게 써 주세요**

* **문제 상황 알려 주기**   최근 학교에서 학생들에게 주는 선물이 다양해졌습니다. 온라인 쇼핑몰에도 재미있는 아이디어 선물이 가득합니다. 제가 만약 학급 친구들을 위한 선물을 기획한다면 재미있는 컵라면을 선물하고 싶습니다.

* **내 아이디어 설명하기**   기존 컵라면에 재미있는 문구를 담은 패러디 스티커를 붙이는 것입니다. '우리가 함께라면', '너와 내가 친구라면' 등으로 '라면'이라는 글자를 활용해 감각 있는 문장을 만들고 컵라면 크기에 맞는 스티커를 만들어 붙이는 것입니다.

* **내 아이디어의 장점 소개하기**   라면은 친구들이 좋아하는 음식입니다. 재미있는 컵라면 선물을 받고 다 같이 라면을 먹으며 '라면 파티'를 할 수 있습니다. 또한 컵라면은 비싸지 않아 선물을 준비하는 데 부담이 되지 않습니다. 요즘 아이들이 많이 사용하는 '미리캔버스'나 '캔바' 등의 온라인 사이트에서 패러디 스티커도 쉽게 만들 수 있습니다. 세상에 하나밖에 없는 라면을 선물하고 함께 라면을 먹으며 또 하나의 추억을 만들 수 있어 좋은 선물이라고 생각합니다.

 **도전! 뽑히는 학교 임원 선거 공약**

임원 선거 공약은 어떻게 써야 할까?

학기 초에는 학급 임원과 더불어 전교 회장과 부회장도 뽑아요. 학급 임원은 반 친구들이 투표로 뽑는데, 친한 친구라도 표를 받기가 쉽지 않아요. 전교 임원은 전교생의 마음을 사로잡아야 하니 선거가 훨씬 더 치열해요. 졸업식과 학예회에서 사회를 보는 것은 물론 학생을 대표하는 자리에 서는 사람을 뽑는 일이니까요.

그래서일까요? 요즘 임원 선거에 나서는 후보는 친구들의 관심을 끌 수 있는 공약을 준비하고, 그 공약을 어떻게 발표할지 고민해요. 특히 발표 시간은 선거의 승패를 좌우할 만큼 매우 중요한 순간이에요. 예전에는 공부를 잘하는 후보가 뽑혔는데, 요즘은 친근하고 재치 있는 말솜씨가 돋보이는 후보에게 더 많은 표를 줘요. 특히 고학년으로 갈수록 말 잘하는 후보에게 더 관심을 보인다는 것도 흥미로워요. 발표 시간이 짧아도 재치 있는 한마디로 친구들을 웃게 하거나 감동을 주면 그 순간 표심을 사로잡을 수 있어요.

우리 반을 대표하는 학급 임원, 나아가 우리 학교를 대표하는 전교 임원이 되려면 어떻게 해야 할까요? 나만의 특별한 공약과 매력적인 발표문으로 반 친구들과 전교생을 사로잡을 수 있는 임원 선거 연습을 시작해 봐요. 여러분도 충분히 할 수 있답니다.

그동안 학교에서 만난 당선자 발표 사례

유행어를 센스 있게 활용하기

아이들이 좋아하는 유행어를 발표에 녹여 내면 그 자체로 강렬한 인상을 남길 수 있어요. 예를 들어, 드라마 〈이상한 변호사 우영우〉가 한창 유행하던 때, 어떤 친구는 "우 투더 영 투더 우"를 응용해 "김 투더 가 투더 은!"으로 발표를 시작했어요. 또 다른 친구는 축구 선수 호날두의 "쑤~~" 골 세리머니를 발표의 마지막 인사로 활용해 폭발적인 환호를 받았답니다. 주의할 점은 많은 아이가 알고 웃을 수 있는 유행어를 활용하되, 부적절한 표현은 피해야 한다는 것이에요. 유행어를 쓸 땐 친구들이 잘 아는 표현인지 미리 확인하고, 간단하고 유쾌한 방식으로 발표에 활용하세요.

기호 각인시키기

당선되려면 후보 기호를 각인시켜야 해요. 특히 전교 임원 선거처럼 나를 모르는 친구들이 많을 때는 기호가 눈과 귀에 쏙 들어오게 만들어야 해요. 기호 3번 후보라고 생각하고 예를 들어 볼게요. 삼계탕 그림을 보여 주며 "여기 비어 있는 네모에 들어갈 글자는 무엇일까요?"라고 묻고, 청중이 "삼!"이라고 직접 번호를 말하게 하는 것도 효과 만점이에요. '3'이 적힌 소품을 활용하는 것도 좋아요. 뻔하지 않게 연출하면 더 기억에 남겠죠? 발표 중간에 갑자기 겉옷을 젖혀 안에 '3'이 적힌 티셔츠를 노출시키면 친구들 머릿속에 3번 후보가 확 각인될 거예요. 여기에 재미있는 이야깃거리나 몸짓으로 번호를 강조하면 더 효과적이랍니다.

뭐니 뭐니 해도 공약이 중요

임원 선거에서 가장 중요한 건 공약이에요. 발표 전략이 아무리 멋져도 공약이 뻔하거나 지킬 수 없는 것이라면 친구들의 신뢰를 얻기 어려워요. 예를 들어, 급식에 햄버거를 추가하겠다는 공약은 당장은 폭발적인 반응을 불러 내지만 실현되지 못하니 실망만 남기죠. 체육 시간을 늘리겠다는 공약도 인기 있지만 실제로 지키기 어려운 경우가 많아요. 그렇다면 어떻게 해야 할까요? 친구들의 의견을 미리 듣는 것이 중요해요. 설문 조사를 해서 친구들이 진짜 원하는 걸 알아보고, 실현할 수 있는 공약을 내놓는 거예요. 조금 뻔한 아이디어라도 살짝 비틀어서 참신하게 표현하면 좋아요. 실현 가능성과 학생들이 원하는 바를 모두 잡은 공약이 가장 강력한 무기랍니다.

아이디어를 펼치고 평가하기

다시 한 번 확인해요

- 뻔하지 않은, 친구들이 공감할 수 있는 공약 생각하기
- 출마 기호 각인시키기
- 강렬하고 인상적인 발표 계획하기

떠오르는 생각을 전부 적어 봐요

내가 생각한 공약은?

기호를 각인시킬 아이디어는?

내 발표 전략은?

내가 생각한 Top 1 아이디어를 평가해요

- 뻔하지 않으면서 학생들의 마음을 얻을 수 있는 공약인가요? ☆☆☆☆☆
- 실제로 지킬 수 있는 현실적인 공약인가요? ☆☆☆☆☆
- 출마 기호를 효과적으로 각인시킬 수 있나요? ☆☆☆☆☆
- 강렬하고 인상적인 발표 전략인가요? ☆☆☆☆☆

여기서 잠깐 이런 공약 발표는 실패할 가능성이 커요

① **"내가 제일 잘났어!" 식 발표**: "제가 우리 학급을 멋지게 이끌겠습니다!"라고 자신만 내세우면 친구들은 '어? 우리 의견은 필요 없나?'라고 느낄 수 있어요. 친구들과 함께한다고 느끼게 하는 공약이 오히려 인기 만점이에요.

② **너무 진지한 발표**: "우리 학교의 장기적 발전과 학업 향상에 대해…"처럼 딱딱하고 어려운 내용은 흥미를 떨어뜨려요. 공약은 간단하고 재미있게 전달하는 게 핵심이에요.

③ **장황하게 이야기하기**: 정해진 발표 시간을 지켜야 해요. 공약을 길게 말하면 중간에 지루해질 수 있어요. 중요한 메시지는 짧고 강렬하게 전달해야 한다는 점을 잊지 마세요.

학급 또는 전교 임원 선거 출마를 위한 공약 발표문을 써 보세요

 **여러분은 아래 예시보다 내용은 풍부하게, 분량은 길게 써 주세요**

[탕후루 노래 패러디] 여러분! 기호 2번을 뽑아 주세요. 여러분! 혹시 친구들도 같이?(손가락 두 개를 펴서 춤 동작 시작) 그럼, 제가 여러분 맘에 탕탕 2번 2번 탕탕 2~~번! 안녕하세요. 여러분 마음을 '탕탕' 저격하고 싶은 기호 2번 맹이샘입니다. 저는 탕후루처럼 달콤하고 중독성이 있어 계속 가고 싶은 즐거운 학교를 만들기 위해 이 자리에 섰습니다.

첫째, '우리가 꾸미는 학교의 날'을 만들겠습니다. 어린이날, 핼러윈, 크리스마스 등 아이들이 좋아하는 날은 아이들이 직접 학교를 장식할 수 있도록 하여 축제 느낌이 나도록 하겠습니다.

둘째, '우리 학교 영상제'를 만들겠습니다. 각 반에서 재미있는 영상을 촬영한 뒤 이를 공유하는 날을 만들겠습니다. 영상제를 통해 각 학년과 반의 개성을 느낄 수 있고 영상 촬영 과정과 시청 과정에서 재미있는 추억을 만들 수 있습니다.

셋째, '운동장 소풍'을 학교에 건의하겠습니다. 봄이나 가을처럼 날씨가 좋은 계절에 학년별로 날짜를 정해 운동장에서 간단히 소풍할 수 있도록 학교에 의견을 전달하겠습니다. 간단한 도시락이나 간식, 돗자리만 있으면 우리 학년 친구들과 신나게 어울릴 수 있어 충분히 실현할 수 있으리라 생각합니다.

여러분, 제 공약이 마음에 들었다면 (손가락 두 개를 펴서 시범을 보이며) 다 같이 손가락 두 개를 펴고 기호 2번에게 '탕탕' 힘을 보태 주세요. 잊지 마세요. 탕탕 2번 2번! 감사합니다.

14 판을 깔아 줬는데 왜 놀지 못하니
모두가 즐거운 학급 파티 기획하기

어린이날, 크리스마스, 종업식, 졸업식, 학급의 100일 같은 특별한 날에는 학급 파티가 열려요. 모두가 즐길 수 있도록 선생님이 판을 깔아 주는데, 뭔가 부족하다고 느낀 적 없나요? 매번 비슷한 과자 파티, 영화 보기, 보드게임 같은 활동이 반복되면 처음엔 재미있어도 점점 지루할 수 있어요. '뭔가 다르게 해 보고 싶은데….' 하는 마음이 들지만, 어디서부터 시작해야 할지 막막할 때가 많죠.

학급 파티는 학생들 의견으로 만들어지는 경우가 많아요. 여러분이 낸 아이디어에 따라 파티가 신나고 재미있을 수도 있지만, 지루하고 따분할 수도 있다는 말이죠. 공부를 열심히 하는 것만큼 놀 때 제대로 놀 줄 아는 것도 중요해요. 친구들과 멋진 추억을 만들 기회인 학급 파티를 어떤 내용으로 채울 수 있을까요? 어떤 활동이 좋을지, 모두가 즐겁게 놀 방법은 무엇일지, 우리 반만의 색깔을 드러낼 아이디어를 고민해 보세요. 그 고민이 학급 파티를 단순한 이벤트가 아니라 오래도록 기억에 남을 특별한 순간으로 만들어 줄 거예요.

이제 진짜 재미있게 놀 준비를 할 차례예요. 판은 깔렸으니, 멋진 아이디어로 그 판을 가득 채워 보세요. 상상만 해도 벌써 즐거워지는 파티, 여러분이 진짜 원하는 학급 파티는 어떤 모습인가요?

학급 파티를 위한 몇 가지 아이디어

파티 분위기 뿜뿜! 신나는 분위기 만들기

학급 파티의 성공은 분위기 조성에 달렸어요. 단순히 칠판에 낙서를 가득 채우는 건 너무 뻔하잖아요. 우리만의 특별한 콘셉트로 교실을 꾸며 보는 거예요. 요즘은 반짝이는 금박 수술 커튼에 커다란 파티 풍선으로 교실을 꾸미는 학급이 많아요. 선생님이 5학년 담임이었을 때, 아이들이 '무서운 파티'를 하고 싶다며 천장에 모형 거미를 매달고, 칠판에는 해골 모양 캔들을 장식했던 기억이 나요. 여러분도 파티 콘셉트를 먼저 정하고, 콘셉트에 맞는 아이디어를 이야기해 보세요. 이렇게 다 함께 꾸민 교실은 파티 시작 전부터 신나는 분위기로 가득 찰 거예요.

종업식 기념 파티 교실

신나는 파티를 위한 특별한 복장도 필수

학급 파티를 완벽하게 즐기고 싶다면, 복장도 신경 써야 해요. 평소와 다른 특별한 옷을 입고 등교하면 그 순간 파티장에 들어선 기분이 들 거예요. 옷차림을 통일하면 더 재미있어요. 학교에서 가장 인기 있는 복장은 파자마예요. 특히 겨울에는 귀여운 동물 잠옷을 입고 오는 친구들이 많아요. 크리스마스엔 빨간색 옷을 입거나 루돌프 머리띠 같은 소품을 착용하면 좋아요. 모두가 옷차림을 맞추면 우리만의 파티가 훨씬 특별해질 거예요. 오늘은 어떤 복장으로 즐거움을 더할지 함께 아이디어를 나눠 보세요.

뭐니 뭐니 해도 재미있는 파티 프로그램이 최고

파티에서 가장 중요한 건 프로그램이에요. 선생님이 그동안 학급에서 봤던 인기 있었던 프로그램을 소개할게요. 먼저, '우리 반 시장'은 친구들이 물건을 가져와 서로 교환하며 재미있게 놀 수 있는 활동이에요. 또 간단한 간식을 직접 만들어 먹는 것도 좋아요. 팥빙수·크리스마스 쿠키·핫초코·과자집 만들기 등은 언제나 아이들에게 인기 만점이에요. 여름엔 물총 싸움처럼 시원한 프로그램이 최고이고, 장기 자랑으로 반 친구들의 숨겨진 재능을 발견하는 것도 즐거운 경험으로 남아요. 교실 캠핑을 한 적도 있어요. 텐트를 치고 간식을 먹으며 보드게임을 즐기는 프로그램은 교실 속에서 작은 모험을 떠나는 기분이 들게 해 주었답니다.

아이디어를 펼치고 평가하기

이렇게 생각해 보면 좋아요

- '과자 파티'라고 하기보다 '40분 동안 친구들과 과자를 먹으며 무엇을 할까?'를 구체적으로 생각해요.
- '마피아 게임'이라고 하기보다 스무 명 넘는 친구들이 어떻게 다 같이 놀 수 있을지 자세히 생각해요.
- 체육관을 사용할 수 있는 날인가요? 운동장에 나가기 적당한 날씨인가요? 날씨와 장소를 고려해요.

떠오르는 생각을 전부 적어 봐요

내가 생각한 아이디어 Top 3

내가 생각한 Top 1 아이디어를 평가해요

- 실현할 수 있는 아이디어인가요?　　　　　　　　　　　☆☆☆☆☆
- 쉽고 편리하게 실행할 수 있는 방법인가요?　　　　　　☆☆☆☆☆
- 흔하지 않은 독창적인 아이디어인가요?　　　　　　　　☆☆☆☆☆
- 반 친구들이 즐겁게 파티를 즐기는 데 도움이 되는 아이디어인가요?　☆☆☆☆☆

맹이샘 유튜브도 참고해 봐요

선생님에게도 아이들과 함께한 학급 파티는 잊지 못할 추억이에요. 이런 소중한 추억을 기록으로 남기기 위해 유튜브에 내용을 올려뒀어요. 다른 학교 친구들이 만든 파티 영상도 참고하면 신나는 프로그램 아이디어를 얻을 수 있어요. 우리 학급만의 특별한 파티를 만드는 데 도움이 될 거예요.

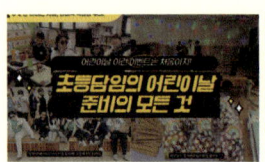    

나만의 아이디어를 제안하는 글을 써 보세요

 **여러분은 아래 예시보다 내용은 풍부하게, 분량은 길게 써 주세요**

* **문제 상황 알려 주기**   학급 파티 시간이 주어졌는데, 지루하게 흘러간다면 얼마나 아쉬울까요? 이런 특별한 시간은 모두가 즐겁게 보낼 수 있도록 잘 계획하는 것이 중요하다고 생각합니다.

* **내 아이디어 설명하기**   저는 첫 번째로 방 탈출 게임을 제안하고 싶습니다. 방 탈출 콘셉트에 맞게 교실을 꾸미고 친구와 힘을 합쳐 숨겨진 단서를 찾아 문제를 해결하는 게임입니다. 두 번째로는 우리 반 오디션 경연 대회를 제안합니다. 서바이벌 프로그램과 비슷하게 댄스, 노래, 그림 그리기 등 각자의 재능을 뽐낼 수 있는 시간을 만들고, 참가자가 아닌 친구들은 심사 위원이 되어 점수를 주는 것입니다.

* **내 아이디어의 장점 소개하기**   위의 아이디어로 학급 파티를 준비한다면 함께 문제를 풀고 경연 대회 무대를 같이 준비하며 협동심을 기를 수 있습니다. 무엇보다 지루할 틈 없이 알차게 학급 파티 시간을 보낼 수 있을 것입니다.

15 딱딱하고 금지투성이인 학교 규칙

귀에 쏙쏙 박히는 규칙은 없을까?

"이거 하지 마!", "저거 하지 마!" 학교에서 가장 많이 듣는 말 중 하나죠. 학교는 하지 말라는 말로 가득한 곳 같아요. 복도에서 뛰지 말아라, 급식 줄에서 새치기하지 말아라, 쓰레기 함부로 버리지 말아라… 참 많죠? 여러분은 이런 규칙이 답답하고 심지어 억지스럽다고 여길지도 몰라요. 그런데 규칙이 왜 이렇게 많은지 생각해 본 적 있나요?

학교 규칙은 여러분이 학교에서 안전하게 지낼 수 있도록 만들어진 거예요. 복도에서 뛰거나 급식실에서 친구를 밀거나 운동장에서 위험하게 장난치다가 다치는 경우를 떠올리면 규칙이 왜 중요한지 이해가 될 거예요. 뉴스에서도 종종 학교에서 일어난 사고 이야기가 나오잖아요. 그런데 규칙이 아무리 중요하다고 말해도 지켜지지 않을 때가 많아요. 선생님들이 "○○ 하면 안 돼요!"라고 외치고, 학교 여기저기에 안전 포스터가 붙어 있지만 아이들이 신경 쓰지 않으면 소용이 없죠.

어떻게 하면 규칙을 조금 더 쉽게 기억할 수 있을까요? 어떻게 하면 학교가 더 안전해질 수 있을까요? 규칙을 더 쉽고 재미있게 실천할 수 있는 방법을 고민해 주세요. 여러분이 정한 방법으로 규칙을 만들면 규칙을 지키는 친구도 훨씬 많아지고 안전한 학교생활을 할 수 있을 거예요.

기억에 남는 규칙 만들기 도움 자료

문제가 얼마나 심각한지 공감하기

'학교 안전사고 20만 건 전년보다 30% 늘었다'
(출처: EBS 뉴스 유튜브)

학교에서는 생각보다 안전사고가 많이 일어나요. 통계에 따르면 안전사고가 가장 많이 발생한 시간은 체육 시간이었어요. 운동장에서 놀다 다친 친구가 많다는 의미예요. 또 하나 놀라운 사실, 학교에서 발생한 사고 중 거의 절반이 계단에서 일어난다고 해요. 계단에서 서두르다 넘어지거나 미끄러지는 일이 많다는 의미죠. 쉬는 시간과 식사 시간도 예외는 아니었어요. 즉, 학교의 어떤 장소에서든 늘 주의해야 해요. 그만큼 학교 규칙 지키기가 중요하다는 걸 알 수 있죠?

'셉테드 디자인' 아이디어 활용하기

'셉테드(범죄 예방 환경) 디자인'이란 말을 들어봤나요? 바로 공간을 똑똑하게 설계해서 범죄를 예방하여 안전을 지키는 방법이에요. 어두운 골목에 밝은 조명을 켜고, 뒤를 볼 수 있는 거울을 설치하면 사람들이 더 안전하다고 느끼는데, 이런 디자인이 범죄를 줄이는 데도 효과가 있다고 해요. 이런 셉테드 디자인을 학교에 적용해 보면 어떨까요? 운동장 구석에 있는 위험한 장애물을 없애고, 계단에 재미있는 그림과 메시지를 넣어 장난치며 움직이지 않도록 하는 거죠. 셉테드 디자인은 학교 폭력을 줄이는 데도 큰 도움을 준다고 해요. 안전하고 즐거운 학교를 만들기 위해, 우리도 한번 써 보는 건 어떨까요?

색다른 범죄 예방, 일상을 바꾸다 (출처: MBC 뉴스 유튜브)   학교 폭력 예방을 위해 통학로에 안전을 입히다 (출처: HCN 뉴스 유튜브)

충주시 유튜브 채널 아이디어도 참고해 봐

충주시 공식 유튜브 충TV

혹시 '충주맨'을 아나요? 충주맨은 충주시의 유튜브 채널 '충TV'를 운영하며 큰 인기를 끈 충주시 홍보 담당자예요. 보통 공공 기관 유튜브는 딱딱하고 재미없다는 인식이 강한데, 충주맨은 B급 감성과 재미있는 콘텐츠로 인식을 바꿔 냈어요. 그 결과 충tv는 충주시 인구보다 두 배나 많은 사람이 구독할 정도로 인기랍니다. 이 방법을 학교 규칙에 적용해 보면 어떨까요? 다들 규칙을 여러 번 들어도 금방 잊어버리고 잘 지키지 않잖아요. 충주맨처럼 창의적인 아이디어를 담은 규칙을 동영상으로 만들어서 재미있게 전달하면 어떨까요? 충주맨이 성공한 비결처럼, 재미와 간결함을 살리면 우리 학교 규칙도 귀에 쏙쏙 들어오겠죠?

아이디어를 펼치고 평가하기

여러 가지 질문을 떠올려 봐요

- 학교 규칙을 어떻게 유쾌한 방식으로 전할 수 있을까요?
- 학교생활과 관련해 어떤 규칙에 집중하고 싶은가요?
- 나는 어떤 상황에서 규칙을 잘 지킬 수 있었나요?

떠오르는 생각을 전부 적어 봐요

내가 생각한 아이디어 **Top 3**

내가 생각한 **Top 1** 아이디어를 평가해요

- 실현할 수 있는 아이디어인가요? ☆☆☆☆☆
- 쉽고 편리하게 실행할 수 있는 방법인가요? ☆☆☆☆☆
- 흔하지 않은 독창적인 아이디어인가요? ☆☆☆☆☆
- 학생들이 학교 규칙을 잘 지킬 수 있는 효과적인 방법인가요? ☆☆☆☆☆

여기서 잠깐

이런 방법도 있어요 – 반어법 가사가 재미있는 안전 수칙 노래

재미있는 노래로 안전 수칙을 배울 수 있다는 걸 알고 있나요? '바보같이 죽는 방법들'이라는 노래가 바로 그런 노래예요. 가사에는 "포크로 토스트 꺼내기"나 "2주 동안 냉장 보관되지 않은 파이 먹기" 같은 위험한 행동들이 나와요. 하지만 귀엽고 웃긴 그림과 함께 반어법으로 표현되다 보니 재미있게 따라 부르면서도 '아, 이런 행동은 절대 하면 안 되겠구나!' 하고 기억하게 되죠. 딱딱한 설명 대신 신나는 노래로 안전 수칙을 배우니 재미가 있고, 노래를 따라 부르다 보면 '안전'이 저절로 머릿속에 쏙쏙 들어오는 기분이죠. 학교에서 지켜야 하는 규칙도 이렇게 재미있는 노래로 만들어 다 같이 불러보는 건 어떨까요?

나만의 아이디어를 제안하는 글을 써 보세요

 **여러분은 아래 예시보다 내용은 풍부하게, 분량은 길게 써 주세요**

* **문제 상황 알려 주기**   학교에서는 학생들의 안전을 지키기 위해 안전 교육을 열심히 하고, 복도나 교실 곳곳에 안전 포스터를 붙여 둡니다. 그러나 아이들은 규칙을 잘 지키지 않습니다. 저는 특히 복도에서 뛰어다니는 친구들이 부딪혀 큰 사고로 이어질까 봐 염려됩니다.

* **내 아이디어 설명하기**   저는 아이들이 복도에서 뛰지 않도록 유도하는 '달팽이 구역' 아이디어를 제안합니다. 아이들이 자주 부딪히는 복도에 출발선과 결승선을 표시하고, '여기는 가장 느리게 걷는 사람이 우승하는 구역입니다.'라는 게시물을 부착하는 것입니다.

* **내 아이디어의 장점 소개하기**   이 방법의 가장 큰 장점은 '재미와 놀이'를 접목한다는 점입니다. 아이들은 이기기 위해 아주 천천히 걸어야 하니까 자연스럽게 뛰는 습관이 줄어들 것이라고 생각합니다. 또 재미있는 경쟁 덕분에 규칙을 강요받는 느낌 없이 즐거운 마음으로 받아들일 수 있습니다.

 **버려지는 종이가 넘쳐나는 학교**

종이 낭비를 줄일 방법을 찾아볼까?

학교에서 종이가 얼마나 많이 사용되는지 생각해 본 적 있나요? 수업할 때 쓰는 활동지, 시험지, 미술 활동할 때 사용하고 버려지는 종이 등 정말 많아요. 이런 종이는 여러분이 집으로 가져가기도 하고 학교에 두기도 하지요. 그런데 집으로 가져간 활동지, 시험지, 내가 그린 그림을 그대로 쓰레기통에 버린 적은 없나요?

학교에서는 어떨까요? 남은 종이를 알뜰하게 재활용하고 있을까요? 안타깝게도 학교에서도 쓴 종이는 대부분 쓰레기장에 버려져요. 종이를 만들려면 나무만이 아니라 물과 전기도 필요하기에, 종이가 버려진다는 말은 나무와 물과 전기가 낭비된다는 말이기도 해요.

학교에서 버려지는 종이만이라도 한 번 더 사용할 방법은 없을까요? 종이를 두 번씩 사용할 수 있다면 그만큼 버려지는 종이를 줄일 수 있어요. 또 새로 사용해야 할 종이도 줄일 수 있어 종이를 만드는 데 들어가는 나무, 물, 전기까지 절약할 수 있지요.

여러분의 기발한 아이디어가 필요해요. 학교에서 버려지는 많은 종이를 어떻게 하면 가장 효과적으로 사용하여 종이와 자원의 낭비를 줄일 수 있을까요? 여러분이 이 문제를 해결해 주세요.

종이 낭비를 줄여 줄 몇 가지 아이디어

이면지를 넣으면 새 종이로 출력하는 프린터

이면지를 넣으면 종이를 분쇄한 후 섬유로 분해해 새로운 종이로 만들어 주는 프린터가 있다고 해요. 한 시간에 약 700장을 만드는데, 종이 크기와 색상도 원하는 대로 조정할 수 있다고 해요. 종이를 재활용할 때 물을 거의 사용하지 않는 건식 섬유 기술을 적용한 프린터라 폐수를 최소화한다는 점도 특징이에요. 정말 놀랍지 않나요?

이면지 넣으면 새 종이를 출력하는 프린터 (출처: klab 유튜브)

돌로 만든 종이

돌로 종이를 만드는 기술이 있다고 해요. 돌 종이는 나무가 아닌 돌가루로 만들어진 종이로, 대리석을 갈아 만든 탄산 칼슘이 주요 성분이에요. 돌 종이는 일반 종이보다 비싸지만, 종이 생산에 필요한 나무와 물을 절약해 줘요. 쓰고 버린 돌 종이는 자연에서 분해되므로 지속 가능성을 갖춘 재료로도 평가받아요. 아직 수요가 많지 않아 가격이 높고, 열에 약해 일반 레이저 프린터에서 사용하기 어렵지만 정말 멋진 아이디어임에는 틀림없어요.

나무가 아닌 '이것'으로 종이를 만든다고??? (출처: klab 유튜브)

종이 안 쓰는 날

앞에서 본 아이디어는 정말 멋지지만, 우리가 구현해 내기에는 어려운 기술이에요. 그래서 좀 더 쉬운 아이디어를 소개할게요. 바로 '종이 안 쓰는 날'이에요. 2002년 한 환경 단체가 사람들이 종이를 하루에 한 장만 덜 써도 나무 4,500그루를 살릴 수 있다고 제안한 이후 생긴 날로, 4월 4일이 그날이랍니다. 한국의 1인당 연간 인쇄 용지 사용량은 약 189.2kg으로, 전 세계 평균보다 세 배가량 많다고 해요. '종이 안 쓰는 날'은 하루에 약 8만 그루의 나무가 종이 생산용으로 베어지고 있다는 문제의식에서 비롯된 날이에요. 종이 안 쓰는 날만이라도 종이 사용을 줄일 수 있으니 이 아이디어 또한 멋지지 않나요?

종이 안 쓰는 날… 인쇄 용지, 하루 한 장의 기적 (출처: KBS 뉴스 전북 유튜브)

아이디어를 펼치고 평가하기

이런 아이디어는 너무 평범해요

이면지를 활용하는 아이디어로 가장 많이 나오는 것은 '이면지를 활용한 공책 만들기'예요. 누구나 생각할 수 있는 아이디어라 좋은 아이디어라고 하기는 어려워요. 무엇보다 이면지로 만든 공책을 진짜 사용하고 싶은 마음이 들지도 궁금해요.

떠오르는 생각을 전부 적어 봐요

내가 생각한 아이디어 **Top 3**

내가 생각한 Top 1 아이디어를 평가해요

- 실현할 수 있는 아이디어인가요? ☆☆☆☆☆
- 실생활에서 쉽고 편리하게 사용할 수 있나요? ☆☆☆☆☆
- 흔하지 않은 독창적인 아이디어인가요? ☆☆☆☆☆
- 학교에서 낭비되는 종이 문제를 해결할 수 있는 아이디어인가요? ☆☆☆☆☆

이런 아이디어를 떠올린 친구가 있어요

초등학교 5학년 아이들이 학교에서 생긴 이면지를 활용해 만든 수학 연습장이에요. 이면지를 활용한 공책은 쓰고 싶지 않을 것 같아 연습장이라는 아이디어를 떠올렸다고 해요. 연습장을 가장 많이 사용하는 사람이 고등학생이라는 이야기를 듣고 고등학생을 위한 수학 연습장을 만들었어요. 수능을 앞둔 고3을 위해 응원의 메시지를 담아 공책 표지를 만들었다고 해요. 공책을 예쁘게 만들기 위해 우리나라 전통 제본 방식도 이용했어요. 이 공책은 고등학교 3학년 교실에 실제로 전달되었어요. 이면지로 공책을 만든다는 점에서는 평범한 아이디어였지만, 사용자를 구체적으로 생각하니 실제로 활용할 수 있는 멋진 결과물이 완성되었답니다.

고3을 위한 수학 연습장 만든 썰(출처: 맹이샘 유튜브)

나만의 아이디어를 제안하는 글을 써 보세요

 **여러분은 아래 예시보다 내용은 풍부하게, 분량은 길게 써 주세요**

* **문제 상황 알려 주기**   학교에서 종이가 많이 낭비되고 있습니다. 저는 이 문제가 매우 심각해 보입니다. 종이 낭비를 심각하게 느끼는 사람은 저 말고도 많습니다. 이 문제를 해결하기 위한 아이디어도 많습니다. 이면지를 새 종이로 출력하는 프린터, 돌 종이 등은 제품으로도 나온 좋은 아이디어이지만 가격이 비싸고 사용이 제한되어 실생활에서 쉽게 구현하기 힘들다는 단점이 있습니다.

* **내 아이디어 설명하기**   저는 학생들이 실제로 할 수 있는 아이디어를 생각했습니다. 이면지를 활용한 수학 연습장입니다. 학교의 이면지를 모아 전통 제본 방식으로 만든 연습장입니다. 이 연습장의 사용자는 고3으로 정하였습니다. 공부하느라 힘든 고3이 힘을 낼 수 있도록 응원의 메시지를 담아 연습장 표지를 디자인하는 아이디어를 떠올렸습니다.

* **내 아이디어의 장점 소개하기**   이면지를 활용한 공책이지만 '고3을 위한 수학 연습장'이라는 정확한 목표를 정함으로써 실제 활용도가 높은 공책이 될 거라 생각합니다. 초등학생이 고3을 위해 정성껏 만든 연습장이라는 의미도 담을 수 있어 좋은 아이디어라고 생각합니다.

 **요거트 한 개를 먹었을 뿐인데…**

플라스틱 쓰레기를 줄여 줄 급식 대책

하루 중 가장 설레는 시간은 급식 시간이에요. 열심히 수업한 후 먹는 급식은 정말 꿀맛이에요. 특히 좋아하는 후식이 나오는 날에는 설렘이 두 배죠. 그런데 이렇게 신나는 급식 시간이 끝나고 나면 뭔가 찜찜하지 않나요? 바로 쓰레기 때문이에요. 플라스틱 용기, 비닐 포장지, 음료수 빨대 등이 가득 쌓인 쓰레기통을 보면 정말 어마어마해요. 학교 급식실에서 하루 동안 나오는 플라스틱 쓰레기만 모아도 꽤 많은 양인데, 한 달 혹은 일 년간 모이면 얼마나 될까요? 여기에 더해 전국의 초등학교, 중학교, 고등학교에서 매일 같이 쌓이는 플라스틱 쓰레기가 다 합쳐지면 어떨까요? 상상조차 할 수 없을 정도예요.

알다시피 플라스틱은 썩지 않아요. 수백 년 동안 땅속에 남고, 바다로 흘러 들어가기도 하죠. 잘게 부서진 플라스틱은 땅이나 물에 섞이고, 가축이나 물고기에게 먹히기도 해요. 우리가 먹는 물과 음식물에 섞인다는 뜻이죠. 결국 모두 우리 몸으로 돌아온다는 의미이기도 해요.

물론 맛있는 음식, 특히 후식을 먹는 즐거움을 포기하라는 말은 아니에요. 다만 다 함께 고민해 봐야 할 주제예요. '플라스틱 쓰레기를 줄이면서도 맛있는 급식을 즐길 방법'을 말이죠. 여러분의 반짝이는 아이디어로 지구를 지키고, 급식의 행복도 놓치지 않는 매력적인 변화를 만들어 보면 어떨까요? 멋진 생각을 기다릴게요.

쓰레기 문제와 쓰레기 줄이기 사례

문제가 얼마나 심각한지 공감하기

오른쪽 유튜브 영상은 물고기를 잡아 요리하려고 배를 갈랐는데, 물고기 살보다 더 많은 플라스틱 쓰레기가 나오는 영상이에요. 그런데 이 영상에서 더 놀라운 장면은 사람들이 플라스틱을 대수롭지 않게 치우고는 물고기를 요리하는 장면이에요. 지금처럼 플라스틱 쓰레기가 늘어난다면 언젠가 마주할 세상 같아 기분이 좋지 않아요. 일회용 플라스틱은 당장 쓰기에는 편하지만, 썩

플라스틱이 계속 생산된다면 우리의 미래는?
(출처: 그린피스 서울 사무소 유튜브)

는 데 무려 500년이 걸린다고 해요. 사용 기간은 평균 6개월도 안 되는데 말이죠. 지금처럼 계속 플라스틱을 만들고 버린다면, 2030년에는 2015년보다 두 배나 많은 플라스틱이 쌓일 거래요. 이 심각한 문제를 먼저 알아야, 좋은 해결책도 떠올릴 수 있지 않을까요?

개별 포장이 아닌 대용량은 어때?

선생님들이 학교에서 회의할 때면 일회용 종이컵에 담긴 커피를 주문했어요. 그런데 어느 날부터 큰 종이 상자에 가득 담긴 커피가 왔어요. 선생님들은 자신이 가져온 머그잔이나 텀블러에 필요한 만큼 따라 마셨죠. 이러니 쓰레기가 확 줄더라고요. 정말 좋은 아이디어 같지 않나요? 급식에서도 이런 방법을 써 보면 어떨까요? 후식으로 나오는 음료를 개별 포장으로 준비하는 게 아니라 종이 상자에 담긴 대용량 음료로 준비하는 거죠. 아이들은 각자 가져온 물통이나 컵에 먹고 싶은 만큼 담아 가면 되니 플라스틱 쓰레기를 대폭 줄일 수 있을 거예요. 작은 실천으로 쓰레기를 줄이고 환경도 보호할 수 있어요. 우리도 이런 방법을 생각해 봐요.

아메리카노 대용량 용기
(출처: 스타벅스 코리아)

여기서 잠깐 — 인공 지능은 어떤 생각을 떠올렸을까?

인공 지능에게 물어 힌트를 얻어 볼까요? 인공 지능 역시 개별 포장 대신 대용량 용기를 사용하라고 제안하네요. 과일이나 요거트를 큰 그릇에 담아 두고, 급식실에서 필요한 만큼 덜어 먹도록 하는 거죠. 음료수도 개별 병 대신 디스펜서로 제공하면 아이들이 각자 가져온 물통에 담아 마실 수 있어요. 플라스틱 대신 친환경 종이 포장을 사용하거나 생분해되는 포장재로 바꾸는 것도 추천해요. 급식 메뉴를 포장이 필요 없는 음식 위주로 조정하는 것도 효과가 있다고 하고요. 우리도 인공 지능 아이디어를 참고해 학교 급식을 친환경적으로 바꿔 보면 어떨까요?

아이디어를 펼치고 평가하기

여러 가지 질문을 떠올려 봐요

- 급식용 대용량 후식 제품은 왜 출시되지 않는 걸까요?
- 음료수를 각자의 물통에 배식받을 때 생길 수 있는 불편함은 없을까요?
- 플라스틱 쓰레기가 발생하지 않는 후식 메뉴에는 어떤 것이 있을까요?

떠오르는 생각을 전부 적어 봐요

내가 생각한 아이디어 Top 3

내가 생각한 Top 1 아이디어를 평가해요

- 실현할 수 있는 아이디어인가요? ☆☆☆☆☆
- 쉽고 편리하게 실행할 수 있는 방법인가요? ☆☆☆☆☆
- 흔하지 않은 독창적인 아이디어인가요? ☆☆☆☆☆
- 급식 후 생긴 플라스틱 쓰레기 문제를 해결할 수 있는 아이디어인가요? ☆☆☆☆☆

여기서 잠깐

여러분의 목소리가 세상을 바꿀 수 있어요

급식 시간 후에 발생하는 플라스틱 쓰레기에 관심을 먼저 가진 아이들이 있어요. 이들은 직접 학생 단체를 만들어 "학교 급식에서 플라스틱 일회 용기 사용을 금지하자!"라는 정책을 제안했어요. 대용량 제품을 사서 다회용 용기에 나눠 담아 먹는 친환경 방법을 찾자는 내용이었죠. 또 다른 아이들은 급식 후 버려지는 잔반 문제를 해결하기 위해 멋진 아이디어를 냈어요. 이름하여 무지개 식판! 이 식판은 눈금을 그어 원하는 만큼만 음식을 받을 수 있도록 했어요. 이 아이디어는 실제로 많은 학교에서 사용되고 있고, 잔반을 줄이는 효과까지 있다고 해요. 우리도 이렇게 문제를 발견하면 목소리를 내고, 행동으로 옮겨 보면 어떨까요? 여러분의 목소리가 세상을 바꿀 수 있을지도 모르니까요.

"형식적인 환경 수업보다 급식에서 나오는 쓰레기 줄여 달라"
(출처: 프레시안)

나만의 아이디어를 제안하는 글을 써 보세요

글쓰기가 어렵다면 참고해요 여러분은 아래 예시보다 내용은 풍부하게, 분량은 길게 써 주세요

* **문제 상황 알려 주기**   급식에는 후식 메뉴가 있습니다. 후식은 때때로 플라스틱 용기에 담겨 나옵니다. 우리 학교 급식실에서 하루 동안 나오는 플라스틱 쓰레기만 해도 엄청난 양인데, 전국에서 나오는 플라스틱 쓰레기는 그 양이 얼마나 될까요. 이는 정말 심각한 문제라고 생각합니다.

* **내 아이디어 설명하기**   저는 플라스틱 쓰레기가 나오지 않는 후식 메뉴를 제안하고 싶습니다. 예를 들어, 조청을 바른 구운 가래떡은 따로 용기가 필요 없고 손에 들고 먹기 편합니다. 또 껍질째 먹는 과일이나 슈크림 볼, 조각 케이크 등 비닐이나 플라스틱 용기가 필요 없는 좋은 후식 메뉴가 많습니다.

* **내 아이디어의 장점 소개하기**   이 방법의 가장 큰 장점은 쓰레기 양을 확 줄일 수 있다는 점입니다. 플라스틱 용기가 필요 없는 좋은 후식 메뉴를 찾고 급식에 적극 활용한다면 플라스틱 쓰레기를 줄이는 데 많은 도움이 되리라 생각합니다.

18 책만 고르다 끝난 도서관 수업 시간

나만의 책 고르기 비법을 공개합니다!

초등학교에는 도서관 수업이 있는데 수업 시간은 보통 40분이에요. '40분이면 충분히 책 한 권을 읽을 수 있지 않을까?' 싶지만 막상 수업해 보면 그렇지만도 않아요. 어떤 아이는 재빨리 책을 고르고 자리에 앉아 책에 푹 빠져들어요. 하지만 어떤 아이는 책을 고르는 데만 10분, 20분을 보내기도 해요. 겨우 골랐다 싶어도 몇 쪽 읽다가 '음, 이건 아닌 것 같아.' 하며 다시 책을 바꾸러 가기도 해요. 이런 행동을 몇 번만 반복해도 수업이 끝나 버려요. 책을 단 한 권도 읽지 못한 채 말이죠.

물론 도서관에는 책이 정말 많아요. 동화책, 과학책, 위인전, 만화책…. 그러니 뭘 골라야 할지 고민될 수 있어요. 하지만 첫 도서관 수업에서 책을 잘 고른 아이는 다음 도서관 수업 시간에도 잘 고르는 반면, 첫 수업에 책만 고르다 시간을 보내는 아이는 다음 시간에도 똑같이 책만 고르다 끝나곤 해요.

도서관 수업은 초등학교 6학년까지 계속되는데, 이 시간을 잘 활용하면 독서를 훨씬 더 많이 잘할 수 있어요. 하루 40분씩, 일주일에 한 번만 도서관을 가도 1년이면 꽤 많은 시간이거든요. 그 시간을 그냥 흘려보내지 않으려면, 나만의 책 고르는 방법을 꼭 찾아야 해요. 다음 도서관 수업 시간에는 새롭게 찾은 방법을 시도해 보세요.

선생님이 떠올린 몇 가지 아이디어

우리 반 추천 도서 목록 만들기

재미있는 책을 척척 잘 고르는 아이가 있어요. 이런 아이는 도서관에서 읽은 책이 너무 재미있었다며 선생님에게도 소개해 주곤 해요. 그 아이들이 골라준 책을 읽어 보면 정말 재미있어서 깜짝 놀랄 때가 많아요. 이런 친구들의 도움을 받아 우리 반만의 추천 도서 목록을 만들어 보면 어떨까요? 도서관에서 재미있게 읽은 책을 목록에 적어 두면, 다른 친구들도 그 책을 골라 읽을 수 있어요. 똑같은 책을 읽는 친구들이 많아지면 책 내용에 대해 서로 이야기하거나 감상을 나누는 재미도 쏠쏠하겠죠? 우리 반 추천 도서 목록은 친구들에게 새로운 책을 소개하고, 더 많은 이야기를 나눌 기회를 만들어 줄 거예요.

온라인 서점 미리 살펴보고 오기

도서관 수업을 받기 전에 어떤 책을 읽을지 미리 정해 보는 건 어때요? 집에서 온라인 서점 홈페이지로 들어가 구경하는 것도 좋은 방법이에요. 온라인 서점에서는 새로 나온 책 소식도 볼 수 있고, 주제별로 잘 분류된 책을 만날 수 있어요. 또 인기 있는 책을 한눈에 볼 수 있어 책을 고를 때도 도움을 받을 수 있어요. 선생님도 학급 문고에 꽂을 책을 고를 때 온라인 서점을 자주 이용해요. 이미 많은 사람이 재미있게 읽은 책들이라 실패할 확률이 낮거든요. 도서관에 가기 전에 읽고 싶은 책을 미리 골라 두면 시간도 절약되고 그 시간에 더 많은 책을 볼 수 있겠죠?

예스24 홈페이지 어린이 분야

알라딘 홈페이지 어린이 분야

사서 선생님의 추천은 어때?

학교 도서관에 계신 선생님을 사서 선생님이라고 해요. 사서 선생님은 도서관의 모든 책을 구입하고 대출과 반납을 도와주시는 분이죠. 우리 학교 도서관에 있는 책에 대해 가장 잘 아는 책 전문가예요. 사서 선생님은 책에 관심이 많고 좋은 책을 많이 알고 있어요. 게다가 우리 학교 친구들이 어떤 책을 재미있어 하는지도 잘 알고 있답니다. 도서관 수업에서 어떤 책을 읽어야 할지 고민된다면 사서 선생님께 살짝 물어보세요. 재미있는 책을 더 쉽게 만날 수 있을 거예요.

아이디어를 펼치고 평가하기

이런 아이디어도 생각해 봐요

- 우리 학교 학생 자치 위원회에 건의하여 전교생의 도움을 받아 보는 것은 어떨까요?
- 우리 부모님도 좋은 책을 많이 알고 있지 않을까요? 부모님의 도움을 받을 수도 있어요.
- 어린이 도서에 대해 전문적으로 방송하는 창작자 채널도 있지 않을까요?

떠오르는 생각을 전부 적어 봐요

내가 생각한 아이디어 Top 3

내가 생각한 Top 1 아이디어를 평가해요

- 실현할 수 있는 아이디어인가요? ☆☆☆☆☆
- 쉽고 편하게 실천할 수 있는 방법인가요? ☆☆☆☆☆
- 흔하지 않은 독창적인 아이디어인가요? ☆☆☆☆☆
- 도서관에서 쉽게 책을 고르는 데 도움이 되는 방법인가요? ☆☆☆☆☆

여기서 잠깐 · 인공 지능 도서 추천 서비스도 있어요

도서관 인공 지능 도서 추천 서비스(출처: FLYBOOK)

요즘은 큰 도서관에서 인공 지능 도서 추천 서비스를 제공하고 있어요. 이 서비스는 주로 도서관에 있는 키오스크나 검색 컴퓨터를 통해 이용할 수 있어요. 사용 방법은 간단해요. 여러분의 성별·나이·기분·관심사·좋아하는 장르 같은 정보를 입력하면 인공 지능이 정보를 조합해서 여러분에게 딱 맞는 책을 추천해 줘요. 인공 지능은 도서관에 있는 모든 책의 정보와 사람들이 많이 빌린 책의 데이터를 분석해서 가장 잘 맞는 책을 찾아 줘요. 덕분에 책을 고르는 시간이 훨씬 줄어들고, 나만의 특별한 책을 찾기가 쉬워진답니다.

나만의 아이디어를 제안하는 글을 써 보세요

 여러분은 아래 예시보다 내용은 풍부하게, 분량은 길게 써 주세요

* **문제 상황 알려 주기** 혹시 도서관 수업이 끝난 뒤 '책만 고르다 끝났네!'라고 생각한 적이 있나요? 매주 40분씩 도서관에 가서 책을 읽을 수 있는 시간이 주어지지만, 막상 가면 책을 고르는 데 시간을 다 써 버리는 경우가 많습니다. 이처럼 책을 고르는 데 어려움을 겪으면 깊이 있는 독서를 하기 어렵고 도서관 시간을 잘 활용할 수가 없습니다.

* **내 아이디어 설명하기** 그래서 저는 우리 학교 친구들이 재미있게 읽은 책을 모아 만든 '도서관 책 추천 목록' 아이디어를 제안합니다. 이 목록은 우리 학교 도서관에 있는 책 중 친구들이 실제로 읽고 추천한 책으로 구성됩니다.

* **내 아이디어의 장점 소개하기** 이 방법의 장점은 크게 세 가지입니다. 첫째, 학년별·성별로 나눠 어떤 책이 인기가 많은지 한눈에 볼 수 있고, 친구들의 관심사를 반영한 추천이라 믿을 만하다는 것입니다. 둘째, 친구들끼리 책을 추천하는 문화가 만들어져 책 읽는 분위기가 더 즐거워질 수 있습니다. 셋째, 우리 학교 도서관에 있는 책이라 쉽게 빌릴 수 있습니다.

학예회 무대에서 뒷줄 친구들은 보이지 않아요

모두가 잘 보이는 줄 서기 방법은 없을까?

학예회는 매년 우리를 설레게 하는 큰 축제예요. 친구들과 함께 신나게 춤도 추고, 선후배들이 준비한 멋진 무대도 보고, 부모님 앞에서 그동안 갈고닦은 실력을 뽐낼 수 있는 날이니까요. 그런데 학예회 무대에 서 본 경험이 있다면 다들 이런 고민을 해 봤을 거예요. 무대에 아이들이 꽉 차게 서면, 뒷줄에 선 사람은 잘 보이지 않죠. 열심히 연습한 춤과 노래를 모두 보여 주고 싶었는데 잘 안 보여서 속상했던 기억도 있을 거예요. 특히 부모님이 오시는 학예회에서는 아쉬움이 더 컸을 거고요. 부모님도 무대 한구석이나 뒷줄에 서 있는 내 아이의 모습을 보면 속상할 수 있고요.

물론 학교에서도 이런 고민을 해결하기 위해 여러 가지 방법을 시도해요. 앞줄과 뒷줄을 번갈아 바꿔 가며 골고루 보이게 하기도 하고, 키가 비슷한 친구들끼리 한 줄로 세워 보기도 하죠. 그래도 뒷줄에 서게 되는 친구들은 아쉬움이 남을 수밖에 없어요. 누구나 다른 친구들처럼 제대로 보이고 싶고, 멋진 모습을 자랑하고 싶은데 말이에요.

모두가 잘 보이는 무대를 만들 수는 없을까요? 모두가 무대에서 주인공으로 빛날 방법을 함께 고민해 봐요.

아이디어를 떠올리기 위한 도움 자료

우리 학교의 무대 모양과 크기 고려하기

무대가 어떤 모양인지 자세히 본 적 있나요? 반원 모양일 수도, 직사각형일 수도, 계단식일 수도 있어요. 무대 폭도 중요해요. 세로 폭이 좁으면 대개 한 줄에 두 명밖에 설 수 없어 가로로 길게 서야 해요. 반대로 한 줄에 세 명씩 설 수 있다면 가로로 서는 인원수를 줄이고 다른 대형을 생각할 수 있죠. 무대 모양과 크기에 따라 원 모양이나 V자 대형도 생각해 볼 수 있어요. 무대에 직접 올라가 동선을 생각해 보거나 종이에 그림을 그려 보세요. 무대의 크기와 모양을 미리 알아두면, 모든 친구가 두루 잘 보이는 멋진 줄 서기 아이디어를 떠올릴 수 있을 거예요.

무대에서 대형을 여러 번 바꾸기가 어려운 이유 생각하기

무대에 설 때 대형을 자주 바꾸면 더 멋질 것 같지 않나요? 하지만 막상 해 보면 꽤 어려워요. 선생님이 반 아이들과 연습해 보니 학예회 준비에 쓸 시간이 생각보다 많지 않더라고요. 짧은 시간 안에 안무나 퍼포먼스를 외우기도 벅찬데, 대형까지 자주 바꾸면 헷갈려서 줄이 엉망이 될 때가 많아요. 동선이 복잡해질수록 '어, 내 자리가 어디더라?' 하며 우왕좌왕하는 아이도 늘어나요. 모두가 잘 보이게 하려던 계획이 순식간에 망가질 수 있어요. 이런 이유로 기억하기 쉬운 단순한 대형을 추천한답니다.

아이돌 그룹의 무대, 뮤지컬 공연 등에서 힌트 얻기

아이돌 그룹의 멋진 무대를 본 적 있나요? 아이돌 그룹은 인원수가 많아도 한 명 한 명이 다 잘 보이도록 대형을 매우 신중하게 짜요. 대형을 바꿀 때도 복잡하지 않으면서 멋지게 보이도록 동작을 연결하고요. 뮤지컬 무대는 어떤가요? 배우가 단체로 춤을 추더라도 모두가 잘 보이도록 대형을 설계하죠. 이런 무대에서 힌트를 얻어 보면 어떨까요? 공연 영상을 보면서 왜 저렇게 서 있는지, 어떻게 하면 모두가 잘 보이는지 고민해 보세요. 뒷줄 친구들까지 잘 보이는 학예회 대형을 짜는 데 도움을 받을 수 있을 거예요.

아이디어를 펼치고 평가하기

여러 가지 방법을 생각해 봐요

- 우리반 전체를 한 그룹으로 보지 말고, 몇 명씩 묶어 소그룹으로 나눠보세요. 그렇게 나눈 그룹별로 대형을 만들 수도 있어요.
- 두 그룹으로 나눠 한 그룹은 1절을, 다른 그룹은 2절을 담당하게 해 무대에 서는 인원을 줄일 수도 있어요.
- 그룹별로 돌아가며 서거나 앉아 한 그룹씩 스포트라이트를 받는 순간을 만드는 방법도 있어요.

떠오르는 생각을 전부 적어 봐요

내가 생각한 아이디어 **Top 3**

내가 생각한 Top 1 아이디어를 평가해요

- 우리 학교에서 공연할 수 있는 현실성 있는 아이디어인가요? ☆☆☆☆☆
- 친구들이 쉽고 편하게 익힐 수 있는 동선인가요? ☆☆☆☆☆
- 흔하지 않은 독창적인 아이디어인가요? ☆☆☆☆☆
- 모든 친구가 무대에서 잘 보이도록 하는 아이디어인가요? ☆☆☆☆☆

내가 생각한 학예회 대형과 동선을 그림으로 표현해 주세요

나만의 아이디어를 제안하는 글을 써 보세요

 **여러분은 아래 예시보다 내용은 풍부하게, 분량은 길게 써 주세요**

* **문제 상황 알려 주기**   우리 모두 학예회를 준비한 경험이 있습니다. '나는 뒷줄에만 서서 부모님께 잘 안 보이면 어쩌지?' 하고 걱정한 적도 있을 거예요. 무대는 모든 친구가 주인공으로 빛나야 하는 곳입니다. 모두가 고르게 무대 중앙에 서 볼 수 있는 방법이 필요하다고 생각합니다.

* **내 아이디어 설명하기**   우리 학교 공연장은 가로로 긴 네모 모양입니다. 이 형태에 맞게 친구들이 네모 대형으로 서고, 퍼포먼스 중간중간 자리를 이동하는 구간을 설정합니다. 그때마다 친구들이 시계 방향으로 자리를 조금씩 바꾸어 갑니다. 대관람차가 움직이듯 한 방향으로 계속해서 자리를 바꾸는 방법입니다.

* **내 아이디어의 장점 소개하기**   이 방법의 가장 큰 장점은 시계 방향으로만 움직이면 돼 동선이 헷갈리지 않는다는 점입니다. 바닥에 스티커를 붙여 자리를 표시하면 더 쉽게 움직일 수 있습니다. 또한 모두에게 무대 중간에 서는 순간이 돌아오므로 한 사람 한 사람이 돋보일 수 있어 모두가 만족스러운 무대를 만들 수 있습니다.

20 모둠 활동, 체험 학습, 졸업 사진 촬영…

말은 많아도 탈은 없는 모둠 편성법 찾기

학교에서는 모둠 활동을 자주 해요. 졸업 사진을 찍을 때, 체험 학습을 갈 때, 협동 과제를 할 때, 체육 활동을 할 때 …. 물론 친한 친구와 모둠이 되면 좋겠죠. 하지만 그게 그렇게 간단하지 않아요. 친한 친구들끼리 모둠을 만들면 혼자 남거나 갈 곳 없는 친구가 생길 수밖에 없거든요. 가끔 "○○이랑 절대 같은 모둠 하기 싫어요!"라며 모두가 꺼리는 친구가 생기기도 해 난감할 때도 꽤 있어요.

게다가 계속 친한 친구들끼리만 활동을 하면 다른 친구를 사귈 기회를 놓치게 돼요. 그만큼 반 친구들 모두와 두루두루 잘 지내기가 힘들어지고요. 그래서 선생님들은 주로 무작위 추첨으로 모둠을 나눠요. 하지만 무작위 추첨 방식도 완벽하지는 않아요. "왜 하필 내가 제일 싫어하는 ○○이랑 모둠이야?"라며 불만을 터뜨리는 아이도 있고, "우리 모둠에 친한 친구가 아무도 없어!"라며 속상해하는 아이도 있어요. 이런 불만이 쌓이면 모둠 활동에 열심히 참여하지 않는 아이가 생기고, 그러면 그 모둠의 분위기가 가라앉아 다른 친구들의 의욕까지 떨어뜨리거든요.

이렇듯 모둠 편성은 선생님들에게도 몹시 어려운 숙제랍니다. 여러분이라면 이런 상황에서 어떻게 모둠을 짤까요? 똑똑한 아이디어를 나눠 주세요. 함께 고민하면 더 나은 방법을 찾아낼 수 있을 거예요.

모둠 편성 에피소드와 도움 프로그램

선생님은 이럴 때 참으로 난감했어요

모둠을 만들다 보면 난감한 순간이 꽤 있어요. 한 번은 놀이공원 체험 학습을 앞둔 때였는데, 반 아이들 대다수가 몸이 불편한 아이와 모둠이 되고 싶지 않아 했어요. 어쩔 수 없이 그 아이는 선생님과 짝이 되었어요. 졸업 사진을 찍을 때도 그 아이와 누가 같은 그룹으로 설지를 놓고 회의를 열 정도였어요. 너무 씁쓸한 상황이죠. 한 번은 무작위로 편성된 모둠이 마음에 들지 않는다며 짜증을 내고 협조하지 않은 아이도 있었어요. 그 아이 때문에 체험 학습 내내 다툼이 생겼고, 결국 이 모둠은 다투느라 놀이기구도 제대로 타지 못해 체험 학습이 엉망이 되었어요. 아이들에게 모둠 편성이 정말 중요한 문제인 것처럼, 선생님에게도 정말 늘 고민되는 문제예요.

무작위 모둠 편성을 위한 프로그램 기능 활용하기

무작위로 모둠을 편성해 주는 프로그램을 활용할 수 있어요. 이 프로그램을 사용하면 단순히 이름만 섞는 게 아니라 옵션을 다양하게 설정할 수 있어요. 예를 들어, 남학생끼리만 또는 여학생끼리만 모둠 만들기가 가능해요. 특정 친구들은 같은 조에 들어가지 않도록 설정할 수도 있어요. 또 학생 수에 따라 균형 있게 조를 나누는 기능도 있고요. 이런 옵션을 활용하면 모둠을 무작위로 정해도 불만이 덜해 유용해요. 모둠을 편성할 때 한번 시도해 보세요.

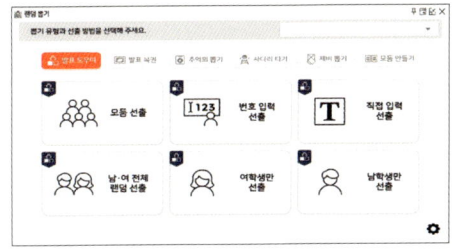

아이스크림 툴킷에서 제공하는 모둠 만들기 화면

이때야말로 인공 지능의 도움이 필수

모둠 편성 때문에 고민이 많을 때, 인공 지능이 진짜 해결사로 나설 수 있어요. 인공 지능은 확률을 바탕으로 똑똑하게 조언해 주는 도우미랍니다. 선생님도 인공 지능을 활용해 모둠을 편성한 적이 있는데, 학생 개개인의 특징을 바탕으로 이상적인 모둠을 만들어 주더라고요. 예를 들어, 어떤 친구와 친하고 덜 친한지, 함께 있으면 좋은 시너지가 날 것 같은 조합은 무엇인지 등을 입력하면, 인공 지능이 이를 분석해 균형 잡힌 모둠을 만들어 줘요. 이렇게 하면 아이들도 만족하고, 선생님도 편한 모둠을 편성할 수 있어요. 믿음직한 인공 지능의 도움을 받아 보세요.

아이디어를 펼치고 평가하기

이런 경우가 가장 힘들어요

- 움직임이 조금 불편한 친구가 학급에 있는 경우
- 대다수 아이가 싫어하는 친구가 학급에 있는 경우
- 나와 사이가 좋지 않은 친구가 학급에 있는 경우

떠오르는 생각을 전부 적어 봐요

내가 생각한 아이디어 **Top 3**

내가 생각한 Top 1 아이디어를 평가해요

- 실제로 모둠을 편성할 때 적용할 수 있는 아이디어인가요? ☆☆☆☆☆
- 쉽고 편하게 실현할 수 있는 아이디어인가요? ☆☆☆☆☆
- 흔하지 않은 독창적인 아이디어인가요? ☆☆☆☆☆
- 친구들이 만족할 수 있는 현명한 모둠 편성 아이디어인가요? ☆☆☆☆☆

[인공 지능은 어떻게 대답했을까?] 예시를 보면서 참고해요

나는 초등학교 5학년 아이야. 우리 반은 곧 놀이공원으로 체험 학습을 가. 우리 반 아이들의 특징과 탑승할 수 있는 놀이기구를 고려해 줘. 140cm를 기준으로 키 제한이 있는 놀이기구가 있어. 총 세 팀인데, 두 팀은 3명씩, 한 팀은 네 명으로 구성해 줘.

● 우리 반 친구들의 특징

김또치	여	키: 140cm	하츄핑과 친함
이둘리	남	키: 132cm	김또치를 싫어함
홍길동	남	키: 150cm	아무도와 친함
하츄핑	여	키: 142cm	김또치와 친함
박카봇	남	키: 144cm	최또봇과 친함

최또봇	남	키: 147cm	박카봇과 친함
아야핑	여	키: 138cm	하츄핑을 싫어함
김폴리	남	키: 152cm	이헬리와 친함
이헬리	남	키: 147cm	김폴리와 친함
최하니	여	키: 136cm	이헬리를 싫어함

● 인공 지능의 답변

1팀(4명)
김또치 (여, 140cm, 하츄핑과 친함)
하츄핑 (여, 142cm, 김또치와 친함)
최또봇 (남, 147cm, 박카봇과 친함)
홍길동 (남, 150cm, 아무도와 친함)

특징
김또치와 하츄핑을 같은 팀에 배치해 친밀도를 유지. 최또봇은 하츄핑 및 김또치와 갈등이 없으며, 박카봇과 따로 배치해도 문제가 없음. 홍길동은 모두와 잘 어울리므로 중재 역할 가능.

2팀(3명)
박카봇 (남, 144cm, 최또봇과 친함)
김폴리 (남, 152cm, 이헬리와 친함)
이헬리 (남, 147cm, 김폴리와 친함)

특징
박카봇과 김폴리를 같은 팀에 배치해 친밀도를 기반으로 구성. 이헬리와 김폴리가 친구라 팀워크가 좋을 것으로 기대.

3팀(3명)
아야핑 (여, 138cm, 하츄핑을 싫어함)
이둘리 (남, 132cm, 김또치를 싫어함)
최하니 (여, 136cm, 이헬리를 싫어함)

특징
서로 싫어하는 관계를 피하고 조화롭게 구성. 이 팀은 놀이기구 키 제한으로 인해 같이 행동할 가능성이 높음.

팀 구성의 장점
① 친밀도 반영: 서로 친한 친구들은 한 팀으로 묶고, 갈등 요소를 최소화함.
② 역할 분담 가능: 홍길동은 1팀에서 중재 역할을, 김폴리와 이헬리는 2팀에서 리더 역할을 맡을 수 있음.
③ 놀이기구 키 제한 고려: 3팀은 140cm 미만인 아이들로 구성해, 이동 및 놀이기구 선택을 원활하게 함.

나만의 아이디어를 제안하는 글을 써 보세요

3부

사회

21 탕후루, 두바이 초콜릿, 요아정…

다음 인기 간식은 뭘까?

탕후루를 먹어 본 적 있나요? 탕후루는 중국 북경 지역에서 겨울철 간식으로 즐겨 먹던 음식인데, SNS와 유튜브 덕분에 우리나라에도 빠르게 퍼졌어요. 반짝반짝한 비주얼과 '바삭!' 씹히는 소리가 영상으로 공유되면서 많은 사람의 관심을 받았고, 결국 거리 곳곳에 탕후루 가게가 생겨났죠.

탕후루의 인기가 사그라지자 새롭게 떠오른 간식이 있는데 그건 바로 '요아정'이에요. 요거트 아이스크림 위에 파인애플, 바나나, 키위 같은 신선한 과일부터 티라미수, 그래놀라, 꿀 스틱까지 50가지가 넘는 다양한 토핑을 골라서 올릴 수 있는 간식이에요. 유명 유튜버들이 각자 좋아하는 조합을 소개하면서 더 인기를 얻었고, 친구들끼리 나만의 조합을 서로 추천하면서 더욱 인기가 올라갔어요.

요즘, 유행하는 간식이 정말 빠르게 바뀌고 있어요. SNS와 유튜브 덕분에 전 세계의 다양한 간식들이 빠르게 소개되고, 인기 있는 간식은 순식간에 퍼졌다가 금방 새로운 간식으로 교체되곤 하죠. 그렇다면 앞으로는 어떤 간식이 우리를 놀라게 할까요? 다음 유행을 기다리기만 하지 말고, 우리가 직접 새로운 간식을 찾아보고 유행을 만들어 보면 어떨까요?

인기 간식 아이디어 도움 자료

인기 있는 간식은 이유가 있다, 인기 비결 분석하기

눈길을 사로잡는 비주얼이 첫째예요. 탕후루의 알록달록한 색깔과 반짝이는 표면, 두바이 초콜릿의 화려한 색감을 떠올려 보세요. 여기에 재미있는 식감도 한몫해요. 탕후루는 겉은 바삭하고 속은 촉촉한 반전 식감, 마시멜로 디저트는 폭신폭신하면서도 쫀득한 식감이 입맛을 자극해요. 먹는 소리도 인기 요소예요. 탕후루의 바삭한 소리, 초콜릿이 부서지는 소리는 ASMR 콘텐츠로도 인기거든요. 마지막으로 단맛이 주는 행복감이에요. 단 음식을 먹으면 도파민이 분비되어 기분이 좋아져요. 이런 요소들이 합쳐져 인기 있는 간식이 탄생하는 것이랍니다. 힌트가 되었나요?

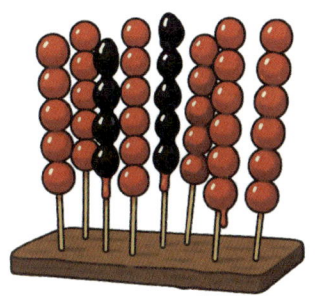

건강을 생각하지 않으면 인기는 금방 식어요

인기를 끈 간식도 건강하지 않은 음식이라면 오래가지 못해요. 한때 대유행이었던 탕후루도 인기가 확 사그라들었어요. 과일도 단데 설탕으로 코팅까지 하니 조금만 먹어도 당뇨, 비만, 충치를 일으킬 수 있다는 지적이 많아졌거든요. 쓰레기 문제도 심각했어요. 탕후루를 먹은 다음에 남겨지는 나무 꼬치와 종이컵이 길거리를 더럽혔거든요. 쓰레기뿐 아니라 끈적끈적한 설탕 때문에 거리에 벌레가 꼬이고 바닥이 미끄러워지는 문제도 있었고요. 일부 가게는 '노 탕후루 존'을 만들 정도였어요. 이렇게 당장은 맛있고 재미있는 간식이라도 건강을 해치거나 생활에 불편을 일으키면 사람들이 더 빨리 외면한다는 사실을 기억하세요.

우리나라 전통 간식은 어때?

우리나라의 전통 간식이 유행하면 어떨까요? 팥빙수는 부드러운 팥, 쫄깃한 떡, 바삭한 견과류, 사르르 녹는 얼음까지 식감이 매우 조화로운 간식이에요. 얼음을 퍼먹을 때 나는 '사각사각' 소리도 재미있지요. 붕어빵도 인기 있을 만한 간식이에요. 요즘은 팥뿐 아니라 슈크림, 초콜릿, 앙버터 등을 소로 넣어요. 한 입 베어 물면 슈크림 소가 가득 차오르는 모습이 시각적인 즐거움까지 줘요. 달콤한 약과도 주목할 만해요. 바삭하면서도 쫀득한 식감에 꿀 향까지 더해져 매력 있어요. 전통 간식 중에도 이렇게 유행할 만한 요소가 많아요. 앞으로 어떤 전통 간식이 유행하면 좋을까요? 새로운 아이디어를 떠올려 보세요.

아이디어를 펼치고 평가하기

여러 가지 아이디어를 떠올려 봐요

- 내가 아는 간식 중에 시각적으로 눈길을 끌 수 있는 간식은 무엇인가요?
- 씹을 때 나는 소리가 재미있거나 식감이 독특한 간식에는 어떤 것이 있나요?
- 음식을 먹는 콘텐츠로 다룰 수 있고, 많은 사람에게 알리기 좋은 간식에는 무엇이 있을까요?

떠오르는 간식을 전부 적어 봐요

내가 생각한 아이디어 Top 3

내가 생각한 Top 1 아이디어를 평가해요

- 나이, 성별, 인종을 가리지 않고 다수가 좋아할 만한 간식인가요? ☆☆☆☆☆
- 지나치게 자극적인 맛으로 건강을 해치지는 않나요? ☆☆☆☆☆
- 흔하지 않은 새로운 간식인가요? ☆☆☆☆☆
- 평소에 이 간식을 맛있게 즐겨 먹나요? ☆☆☆☆☆

여기서 잠깐 **이런 용어도 함께 알아두면 좋아요 - 디토 소비**

요즘 유행하는 간식에는 공통점이 있어요. 바로 인플루언서에게 추천을 받아 인기를 끌었다는 점이에요. 두바이 초콜릿, 요아정의 인기도 유튜버나 SNS에서 활동하는 사람들이 소개한 덕분이에요. 이런 현상을 '디토(Ditto) 소비'라고 불러요. '디토'는 라틴어로 "나도 마찬가지야!"라는 뜻이에요. 쉽게 말해 유명한 사람이 추천하는 걸 따라 소비한다는 의미예요. 친구들이 맛있다고 하면 나도 일단 먹고 싶어지지 않나요? 디토 소비도 그런 마음에서 시작돼요. 디토 소비의 장점은 유행을 빠르게 알 수 있고, 선택을 쉽게 할 수 있다는 점이에요. 하지만 단점도 있어요. 자신에게 정말 필요한지 고민하지 않고 무조건 따라 사면 후회할 수 있어요. 그래서 디토 소비를 할 때는 한 번 더 생각해 보고 신중하게 결정하는 게 중요해요.

나만의 아이디어를 제안하는 글을 써 보세요

 **여러분은 아래 예시보다 내용은 풍부하게, 분량은 길게 써 주세요**

* **문제 상황 알려 주기**   새로운 간식이 계속 등장하는데 지나치게 자극적이거나 건강을 해치는 간식도 있습니다. 게다가 유행이 금방 지나가 버려 아쉬울 때도 많습니다. 오랫동안 사랑받으면서도 건강까지 생각할 수 있는 간식이 필요합니다.

* **내 아이디어 설명하기**   저는 우리나라의 전통 간식인 뻥튀기 과자를 활용한 간식을 제안하고 싶습니다. 뻥튀기 과자는 크기가 크고 가벼워서 접시처럼 활용할 수 있습니다. 이 위에 과일, 초콜릿, 견과류 등 원하는 토핑을 올려 나만의 개성 있는 간식을 만들면 재미있을 것 같습니다. 특히, 뻥튀기 과자를 반으로 가를 때 나는 "뻥!" 소리와 경쾌한 식감은 많은 사람에게 특별한 즐거움을 줄 것입니다. 게다가 뻥튀기 기계에서 뻥튀기 과자가 하나씩 튀어나오는 모습도 보는 재미가 있어서, 영상으로 공유하면 전 세계적으로 인기 있는 간식이 될 수 있을 것 같습니다.

* **내 아이디어의 장점 소개하기**   뻥튀기 과자는 기름에 튀긴 과자가 아니라서 열량이 낮아 부담 없이 먹을 수 있습니다. 또한 우리나라의 전통 간식을 세계에 알릴 기회로 삼을 수 있습니다. 어른들에게는 어린 시절의 추억을 떠올리게 해 주고, 어린이들에게는 재미있고 창의적인 경험을 선사할 수 있습니다. 가격이 저렴해서 누구나 부담 없이 즐길 수 있다는 것도 장점입니다.

22 분명 뭔가 방법이 있을 텐데…

놀이공원 대기 줄을 줄일 순 없을까?

다들 놀이공원에 가 봤을 거예요. 반짝이는 조명, 맛있는 음식, 긴장감 넘치는 놀이기구… 정말 신나는 장소죠. 하지만 즐거움을 누리기 위해 참고 넘어가야 할 게 있어요. 바로 끝이 보이지 않는 대기 줄이에요. 봄이나 가을처럼 날씨가 좋은 계절에는 상황이 더 심각해요. 놀이공원 체험 학습을 할 때도 학교들 일정이 비슷하게 겹치다 보니 그 시기에는 사람이 어마어마하게 많아요. 그럴 땐 놀이기구를 한두 개도 겨우 타고 올 수밖에 없어요. 어렵게 시간 내서 왔는데 놀이기구를 이용하는 시간은 잠깐이고 내내 줄만 서다 가니 너무 아쉬워요.

놀이공원에서도 이 문제를 해결하려고 여러 가지 방법을 내놓고 있어요. 예를 들어, 기다리지 않고 바로 놀이기구를 탈 수 있는 '우선 입장권'이 있어요. 그런데 이 표 값이 너무 비싸요. 외국에 있는 유명한 놀이공원에서는 '놀이기구 5개 우선 입장권'이 1인당 25만 원이 넘는다고 해요. 놀이공원에서 만든 스마트폰 애플리케이션을 활용할 수도 있어요. 하지만 앱을 계속 확인하며 딱 맞는 시간에 예약해야 해서 번거로워요. 디지털 기기에 익숙하지 않은 사람이라면 사용하기가 더 어렵고요.

어떻게 하면 놀이공원에서 기다리는 시간을 줄일 수 있을까요? 이 문제를 해결할 수 있는 방법이 있다면 놀이공원은 지금보다 훨씬 더 신나는 곳이 될 거예요. 똑똑한 아이디어를 떠올려 주세요.

생활 속에서 만나는 몇 가지 아이디어

대기 공간에 놀거리를 두는 건 어때?

놀이공원에서 놀이기구 탑승을 기다리는 일은 너무 지루하고 힘들어요. 그나마 스마트폰을 가지고 시간을 보낼 수 있는 어른은 괜찮지만 무작정 기다려야 하는 어린이들에게는 참으로 힘든 시간이에요. 선생님도 어린 아들과 줄을 선 적이 있는데 힘들어하는 아들을 보면서 너무 안쓰러웠어요. 그런데 춘천에 있는 레고랜드에서 특별한 공간을 발견했어요. 대기 줄 중간중간에 있는 레고 블록 놀이 공간이었어요. 어른은 줄을 서고, 아이는 신나게 블록을 가지고 놀다가 부모님께 돌아올 수 있었어요. 간단한 블록 놀이로도 아이들은 기다리는 시간을 훨씬 재미있게 보낼 수 있어요. 이런 아이디어처럼 줄 서는 공간에 아이들을 위한 작은 놀잇감을 마련하면 어떨까요?

음식점 대기 아이디어를 활용해 보는 건 어때?

인기 있는 음식점도 줄을 서야 할 때가 많아요. 그런데 요즘은 키오스크나 애플리케이션을 사용해 대기를 걸어 두게 하는 곳이 많아졌어요. 전화번호를 입력해 두면 차례가 다가올 때 알림을 보내 주더라고요. 애플리케이션으로 실시간 대기 시간도 확인할 수 있어 편하게 다른 일을 볼 수 있어요. 놀이공원에서도 이런 아이디어를 활용하면 어떨까요? 원하는 놀이기구에 대기를 걸어 두고, 그동안 간식을 먹거나 기념품 판매장을 구경하거나 대기 줄이 짧은 놀이기구를 타면 좋을 거예요. 그러다가 차례가 돼 알림이 오면 바로 놀이기구를 탈 수 있으니 놀이공원 오는 게 훨씬 즐거워질 거예요.

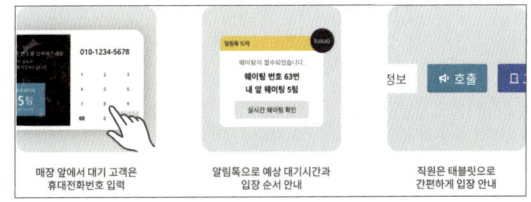

음식점 등에서 활용하는 고객 관리 애플리케이션(출처: 나우웨이팅)

디즈니월드의 아이디어를 참고해 봐

디즈니월드는 놀이공원 하면 가장 먼저 떠오르는 테마파크예요. 하지만 이곳도 대기 줄이 늘 골치였어요. 그래서 몇 가지 똑똑한 방법을 도입했다고 해요. 일단 놀이기구 대기 시간이 길어지면 통제 센터에서 바로 대처해요. 보트 같은 놀이기구를 더 많이 투입하거나 캐릭터를 보내 사람들을 덜 지루하게 해요. 공원 곳곳에 색깔별로 대기 시간을 표시해 모니터를 보면서 어디로 가면 좋을지 알 수 있게 하고요. 또 퍼레이드를 할 때 사람들이 너무 몰리면 한산한 곳으로 움직인다고 해요. 이런 디즈니월드의 아이디어를 활용하면 놀이공원이 훨씬 즐거워지지 않을까요?

아이디어를 펼치고 평가하기

여러 가지 아이디어를 떠올려 봐요

- 대기 시간 자체를 줄이는 방법에는 어떤 것이 있을까요?
- 긴 대기 시간은 줄이지 못하지만, 기다리는 시간을 즐겁게 만드는 방법이 있을까요?
- 그 외에 또 어떤 방법이 있을까요?

떠오르는 생각을 전부 적어 봐요

내가 생각한 아이디어 Top 3

내가 생각한 Top 1 아이디어를 평가해요

- 놀이공원에서 활용할 수 있는 현실성 있는 아이디어인가요?   ☆☆☆☆☆
- 돈이 지나치게 많이 들지 않는 아이디어인가요?   ☆☆☆☆☆
- 흔하지 않은 독창적인 아이디어인가요?   ☆☆☆☆☆
- 놀이기구 탑승을 위한 대기를 즐겁게 하는 데 도움이 되는 아이디어인가요?   ☆☆☆☆☆

여기서 잠깐

이런 아이디어를 생각한 아이가 있어요

놀이공원에서 오래 기다리는 문제를 해결하기 위해 나선 선생님 반 아이들이 있었어요. 도안에 색을 칠하고 스캔하면 내가 그린 그림이 커다란 스크린에 나타나는 전시관의 체험에서 힌트를 얻었다고 해요. 이 아이들은 내가 탈 놀이기구의 그림을 색칠하고 스캔하면 대기 줄 옆에 설치된 스크린에 내 작품이 나타나는 장치를 생각해 냈어요. 놀이기구를 색칠하다 보면 대기 시간도 훌쩍 지나가고, 내가 색칠한 놀이기구 그림이 스크린에 나타나면 대기 시간이 훨씬 재미있게 느껴질 거예요. 이 아이디어로 코딩 작품을 만들어서 발표도 하였답니다. 물론 놀이공원마다 스크린과 스캐너를 설치하는 일은 쉽지 않아요. 그렇더라도 이런 문제를 해결하기 위해 어린 친구들이 노력했다는 점이 대단하지 않나요?

나만의 아이디어를 제안하는 글을 써 보세요

 **여러분은 아래 예시보다 내용은 풍부하게, 분량은 길게 써 주세요**

* **문제 상황 알려 주기**   놀이공원은 신나는 곳이지만 놀이기구 탑승 대기 시간을 참기가 꽤 힘듭니다. 대기 시간을 줄이는 수단으로 빠르게 입장할 수 있는 입장권이나 대기 상황을 알려주는 애플리케이션도 있지만, 입장권은 너무 비싸고 앱은 사용법이 복잡해서 불편합니다.

* **내 아이디어 설명하기**   저는 인기 많은 놀이기구 앞에 키오스크 설치를 제안하고 싶습니다. 키오스크에서 예약을 걸어두고 탑승 시간이 다가오면 알림을 받는 겁니다. 그러면 대기 줄에서 무작정 기다리지 않고 다른 곳에서 시간을 보낼 수 있습니다. 하지만 이렇게 되면 사람들이 그 놀이기구 대신 다른 곳으로 몰려 또 다른 대기 줄이 생길 수 있습니다. 이 문제를 방지하기 위해 놀이공원 곳곳에 간단한 체험 게임, 퍼즐 게임, 작은 공연 등 부스 형태의 즐길 거리를 많이 배치하면 좋을 것 같습니다.

* **내 아이디어의 장점 소개하기**   키오스크를 설치하면 사람들이 대기 줄에서 기다릴 필요가 없어 탑승 차례를 알리는 알람이 올 때까지 놀이공원을 더 알차게 즐길 수 있습니다. 또한 놀이공원 곳곳에 사람들이 분산되기 때문에 전체적인 대기 시간이 줄어드는 효과도 있다고 생각합니다.

23 버려지는 굿즈가 이렇게 많다고?

환경을 생각하는 굿즈는 없을까?

연예인, 운동선수, 게임, 애니메이션 등은 많은 어린이와 청소년의 관심 대상이지요. 좋아하는 가수의 포토 카드를 모으거나 응원하는 운동선수의 유니폼을 사 본 친구도 있을 거예요. 그런데 알고 있나요? 우리가 열심히 모으는 굿즈가 때로는 환경에 큰 문제를 일으킨다는 사실을요.

얼마 전, 인터넷에서 화제가 된 사진이 있어요. 일본 시부야의 길거리에 한 아이돌의 새 앨범이 대량으로 버려져 있는 모습이었죠. 왜 이런 일이 일어날까요? 팬 사인회 당첨률을 높이거나 좋아하는 아이돌의 포토 카드를 다양하게 얻으려면 많은 앨범을 사야 하거든요. 하지만 이렇게 구매한 앨범은 대부분 버려져요. 포토 카드도 마찬가지예요. 원하는 카드를 얻기 위해 여러 장을 사지만 중복 카드는 쉽게 버려지죠. 결국 시부야 길거리에 버려진 새 앨범도 모두 쓰레기봉투에 담겨 수거되었다고 해요.

앨범이나 포토 카드를 제작하는 데는 플라스틱 같은 자원이 특히 많이 사용돼요. 한 회사가 제작하는 음반에만 연간 1,400만 톤의 플라스틱이 쓰인다고 하니 우리나라 전체 기획사에서 소비하는 플라스틱 양은 어느 정도나 될지 상상이 가나요? 팬·굿즈 문화가 환경까지 고려하는 방향으로 바뀌려면 어떻게 해야 할지 고민할 때가 온 것 같아요. 우리 모두 좋아하는 것을 즐기면서도 지구를 지키는 방법을 함께 생각해 봐요.

이미 나와 있는 재활용·새활용 굿즈

재활용·새활용 굿즈 아이디어는 어때?

하나은행에서는 낡은 지폐를 재활용해서 만든 베개를 증정하는 '드림머니' 캠페인을 열었어요. 돈 베개는 돈 기운을 불러온다는 소문이 나면서 인기를 끌었죠. 폐지폐는 천 재질이라 소각할 때 환경 오염을 일으키는데 재활용 아이디어로 문제를 해결한 셈이죠. 대한항공에서도 낡은 항공기의 몸체를 잘라 이름표와 골프 볼 마커를 만들고, 훼손된 기내 담요로 물주머니 커버를 만들기도 했어요. 모두 순식간에 완판될 정도로 인기였고요. 이처럼 재활용과 새활용 방식으로 굿즈를 만들어 보는 것은 어떨까요?

하나은행 드림머니 캠페인의 증정용 재활용 베개
(출처: 하나TV 유튜브)

디지털 굿즈 아이디어도 굿

환경도 지키면서 개성도 뽐낼 수 있는 굿즈가 있어요. 바로 디지털 굿즈예요. 이모티콘 같은 디지털 굿즈는 환경 오염 없이 쓸 수 있는 착한 굿즈예요. 래퍼 이영지가 직접 그린 스마트폰 배경 화면을 공유한 적이 있는데 팬들에게는 큰 선물이었죠. '조구만 스튜디오' 역시 캐릭터로 디지털 배경 화면을 만들어 무료로 나눠 준 적이 있는데 이것도 팬들에게 큰 사랑을 받았어요. 팬들에게도 좋고, 환경까지 보호할 수 있는 디지털 굿즈 아이디어도 떠올려보세요.

친환경 앨범 소식도 참고해 봐

아이돌 굿즈 하면 빠질 수 없는 물건이 CD인데, CD를 제작하고 폐기할 때 환경 오염이 자주 일어난다고 해요. 그래서 최근에는 플라스틱 CD를 대체하는 친환경 앨범 제작이 늘고 있어요. 바로 QR코드 앨범과 스마트 앨범이에요. QR코드 앨범은 카메라로 스캔하면 바로 음악을 들을 수 있고, 스마트 앨범은 작은 칩을 휴대전화에 태그하면 음악이 재생돼요. 해외에서도 친환경 앨범이 주목받고 있어요. 가수 빌리 아일리시는 100% 재활용 플라스틱으로 CD를 제작했고, 영국 밴드 콜드플레이는 친환경 소재 LP를 만들었대요. 이제는 CD도 친환경이 대세예요. 여러분도 반짝이는 아이디어를 떠올려 주세요.

NCT DREAM mini album 'Candy'
(SMini Ver.)(출처: smtownandstore)

아이디어를 펼치고 평가하기

여러 가지 아이디어를 떠올려 봐요

- 내가 특히 집중하여 아이디어를 떠올릴 굿즈는 무엇인가요?
- 그 굿즈의 어떤 부분이 환경 오염을 유발하고 있나요?
- 어떤 방법으로 환경 오염을 줄일 수 있을까요?

떠오르는 생각을 전부 적어 봐요

내가 생각한 아이디어 **Top 3**

내가 생각한 Top 1 아이디어를 평가해요

- 실현할 수 있는 아이디어인가요? ☆☆☆☆☆
- 굿즈로서 소장 가치가 있고 상품성이 있는 아이디어인가요? ☆☆☆☆☆
- 흔하지 않은 독창적인 아이디어인가요? ☆☆☆☆☆
- 환경 오염을 줄이는 데 도움이 되는 아이디어인가요? ☆☆☆☆☆

여기서 잠깐 — **선생님은 이런 아이디어를 떠올렸어요**

선생님은 한 야구 팀의 열성 팬이에요. 그런 만큼 좋아하는 선수의 이름이 적힌 유니폼을 많이 사 모았어요. 그런데 이렇게 모은 유니폼도 언젠가는 버려질 거라 생각하니 조심스러워지더라고요. 그래서 생각했어요. 선수 이름을 뗐다 붙였다 할 수 있는 유니폼을요. 좋아하는 선수가 경기장에 나올 때마다 이름을 바꿔서 응원할 수 있다면 유니폼을 여러 벌 사지 않아도 될 거예요. 또는 디지털 화면으로 이름과 응원 메시지를 바꿀 수 있는 유니폼도 멋질 것 같아요. 이름뿐 아니라 내가 하고 싶은 말을 담을 수도 있으니 더 재미있겠죠? 이런 생각을 떠올리다 보니 정말 이런 유니폼이 출시되었으면 하는 간절한 마음이 들어요. 말이 나온 김에 선생님이 직접 한번 만들어 볼까요?

나만의 아이디어를 제안하는 글을 써 보세요

 **여러분은 아래 예시보다 내용은 풍부하게, 분량은 길게 써 주세요**

* **문제 상황 알려 주기** 내가 좋아하는 운동선수나 예술가를 응원하고 그들과 소통하며 무대나 경기를 보는 것은 정말 큰 즐거움입니다. 하지만 팬들을 위해 출시되는 대부분의 굿즈는 플라스틱으로 만들어지기 때문에 제작과 폐기 과정에서 환경에 나쁜 영향을 끼칩니다. 또한 팬들이 필요 이상으로 굿즈를 구매해 환경 오염을 유발하기도 합니다.

* **내 아이디어 설명하기** 저는 운동경기를 좋아하는 팬들을 위한 친환경 굿즈 아이디어를 생각해 보았습니다. 예를 들어, 야구 팬들은 좋아하는 선수를 응원하려고 선수 이름이 적힌 유니폼을 여러 벌 삽니다. 하지만 이렇게 유니폼이 많아지면 결국 나중에 버려져 환경 오염을 일으킬 수 있습니다. 그래서 저는 선수 이름을 바꿔 붙일 수 있도록 유니폼을 제작하면 좋겠다고 생각했습니다. 더 나아가 디지털 화면을 활용해 선수 이름과 응원 문구를 자유롭게 변경할 수 있는 유니폼도 생각해 보았습니다.

* **내 아이디어의 장점 소개하기** 제 아이디어를 바탕으로 유니폼을 만들면 환경을 보호할 수 있습니다. 유니폼을 여러 벌 사지 않아도 되고, 사람들이 많이 사용하는 스케치북 대신 디지털 유니폼에 응원 문구까지 표시할 수 있어 종이 낭비도 줄일 수 있습니다. 재미와 환경 보호, 두 가지를 모두 만족할 수 있어 좋은 아이디어라고 생각합니다.

어른을 위한 카페와 키즈 카페는 있는데…

왜 10대를 위한 공간은 없을까?

선생님이 주말에 여덟 살 난 아들과 놀이터에 갔어요. 그런데 놀이터 한쪽에 초등학교 고학년쯤 돼 보이는 아이들이 우르르 모여 큰 소리로 웃고 떠들고 뛰어다니는 거예요. 처음에는 '아니, 다 큰 아이들이 왜 여기에 와서 놀지?' 싶더라고요. 그곳은 주로 어린아이들이 노는 곳이고, 놀이기구도 어린아이용이었거든요. 그런데 다시 생각하니 '초등학교 고학년 아이들이 놀 만한 곳이 마땅치 않구나.' 싶더라고요.

어른들은 커피숍에서 친구들과 수다를 떨 수도 있고, 문화센터에서 좋아하는 운동을 즐길 수도 있고, 영화관도 아무 때나 갈 수 있어요. 어린아이들도 키즈 카페, 놀이방, 동네 놀이터까지 갈 곳이 참 많아요. 하지만 정작 초등학교 고학년부터인 10대를 위한 공간은 잘 없더라고요.

요즘 아이들은 참으로 바빠요. 학원에, 숙제에, 시험 준비까지…. 쉴 틈이 없어요. 그만큼 스트레스가 쌓이는데 마땅히 풀 공간이 없구나 싶더라고요. 더군다나 10대는 어른을 위한 공간에서도, 아이를 위한 공간에서도 환영받지 못하죠. 어린아이들이 뛰어놀 수 있는 공간은 많고, 어른들도 자유롭게 즐길 수 있는 장소가 이렇게 많은데, 정작 10대를 위한 공간은 거의 없다는 게 이상하지 않나요?

우리가 직접 10대들이 마음껏 웃고 떠들고 뛰어놀 수 있는 공간을 만들어 보면 어떨까요?

10대의 현실과 몇 가지 공간 사례

놀이 공간 부족, 신체 활동 부족, 건강에 적신호

대한민국의 10대 아이들은 70대 노인보다 운동량이 적다는 충격적인 결과가 있어요. 신체 활동이 부족하면 신체 건강뿐 아니라 정신 건강에도 악영향을 미쳐요. 스트레스를 해소하기 어렵고 우울감을 느끼기 쉬워요. 최근 청소년의 우울증과 자살 상담 건수가 급증하고 있어요. 놀이와 쉼은 단순한 여가가 아니라 인간의 기본적인 권리예요. 유엔아동권리협약에도 청소년에게는 여가와 놀이를 즐길 권리가 있다고 적혀 있어요. 어린이뿐 아니라 10대 청소년도 자유롭게 뛰어놀고 스트레스를 해소할 수 있는 공간이 꼭 필요해요.

어린이와 청소년을 위한 다양한 공간을 제공하는 도서관

어린이와 청소년이 자신만의 이야기를 탐색하고 만들고 표현하는 공간인 '제3의 시간'이 있어요. 이곳은 도서문화재단 씨앗에서 운영하는 도서관으로 '스토리라이브러리'와 '스토리스튜디오'와 '모야'라는 공간이 있어요. 글을 쓰고, 그림을 그리고, 음악과 영상까지 만들 수 있는 곳이에요. 'DIY 창작 놀이터'처럼 목공, 도예, 3D 프린터 같은 다양한 도구를 이용해 무언가를 손수 만들고, 친구들과 협력해서 작품을 완성하는 공간도 있어요. 이런 공간에서는 단순한 놀이를 넘어 나만의 창작물을 완성하며 뿌듯함도 느낄 수 있어요. 10대들이 자유롭게 시간을 보내고, 창의력을 펼칠 수 있는 다양한 공간이 더 많이 생기길 바라요.

'스트레스 프리존'이라는 곳도 있어요

서울 대치동 학원가에는 청소년 휴식 공간인 '스트레스 프리존'이 곳곳에 있어요. 학교와 학원을 오가며 쌓인 스트레스를 쉬면서 날릴 수 있는 공간이에요. 편히 쉴 수도, 소리를 지를 수도, 가벼운 운동을 할 수도, 지금의 감정을 글로 적어 벽에 붙일 수도 있지요. 이런 공간이 많아진다면 10대들도 스트레스를 날리고 활력을 되찾을 수 있을 거예요. 지금은 일부 지역에만 설치되어 있지만 이런 공간이 많아졌으면 좋겠어요. 10대들이 자신만의 방식으로 스트레스를 풀고, 자유롭게 쉴 수 있는 공간이 많아지길 바라요.

제3의시간 홈페이지
(출처: https://formystories.org)

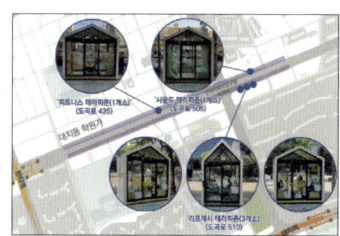

대치동 스트레스 프리존
(출처: https://www.gangnam.go.kr)

아이디어를 펼치고 평가하기

여러 가지 아이디어를 떠올려 봐요

- 학교, 동네, 우리 집 등 공간에 관해 떠올려 봐요.
- 10대를 위해 어떤 서비스를 제공할 수 있을까요? 서비스에 관해서도 생각해 봐요.
- 10대가 스트레스를 해소하는 데 가장 필요한 것이 무엇인지 파악해요.

떠오르는 생각을 전부 적어 봐요

내가 생각한 아이디어 Top 3

내가 생각한 Top 1 아이디어를 평가해요

- 실현할 수 있는 아이디어인가요? ☆☆☆☆☆
- 10대들의 놀이, 신체 활동, 스트레스 해소에 도움이 되는 아이디어인가요? ☆☆☆☆☆
- 흔하지 않은 독창적인 아이디어인가요? ☆☆☆☆☆
- 10대를 위한 공간과 관련한 아이디어인가요? ☆☆☆☆☆

여기서 잠깐 · 노래방을 설치한 학교가 있대요

학교 안에 노래방과 피시방이 있다면 어떨까요? 코인노래방 부스를 설치한 학교가 TV 프로그램에 나온 적이 있어요. 교장 선생님이 아이들과 상담해 보니 노래 부르기를 좋아하는 아이가 많다는 걸 알고 설치했다고 해요. 그렇게 설치한 노래방을 아이들은 많이 이용했고, 신기하게 학교에서 일어나던 문제가 조금 줄었다고 해요. 최근에는 수도권에 있는 한 고등학교에서도 학생들의 학업 스트레스를 덜어 주기 위해 코인노래방 부스를 학교에 설치했대요. 학생들은 쉬는 시간이나 점심시간을 이용해 잠깐씩 노래를 부르면서 기분을 전환할 수 있다고 해요. 그 덕분인지 아이들의 학교 만족도가 높아졌다고 하고요. 여러분도 10대를 위해 어떤 시설이 생기면 좋을지 생각해 보세요.

나만의 아이디어를 제안하는 글을 써 보세요

 **여러분은 아래 예시보다 내용은 풍부하게, 분량은 길게 써 주세요**

* **문제 상황 알려 주기**   어린아이들은 키즈카페에서 신나게 뛰어놀고, 어른들도 즐길 거리가 많은데 10대가 편하게 시간을 보내고 스트레스를 해소할 곳은 찾기 어렵습니다. 그래서 많은 10대가 몸을 움직이고 싶어도 마땅한 장소가 없고, 스트레스를 풀 방법도 제한적이어서 신체적으로나 정신적으로 힘들어하고 있습니다.

* **내 아이디어 설명하기**   아파트 단지 내 놀이터나 공원 같은 기존 공간을 10대도 함께 즐길 수 있도록 바꾸면 좋겠습니다. 지금 놀이터나 공원을 보면 대부분 유아용 미끄럼틀이나 그네, 어른들을 위한 운동 기구로 채워져 있습니다. 반면에 10대가 즐길 만한 시설은 거의 없습니다. 그래서 저는 샌드백, 간이 농구장 같은 것들을 추가하면 좋겠다고 생각합니다. 이런 간단한 시설만 있어도 집 근처에서 친구들과 신나게 몸을 움직이며 놀 수 있습니다.

* **내 아이디어의 장점 소개하기**   완전히 새로운 공간을 만들 필요 없이, 기존 공간을 조금만 바꾸면 되니 현실성이 있습니다. 새로운 공간을 조성하는 데 드는 예산과 시간을 절약하면서도 10대를 위한 즐길 거리를 만든다는 점에서 의미도 커질 것입니다. 이런 작은 변화가 시작되면, 앞으로 더 많은 사람이 '10대들도 즐길 공간이 필요하구나!' 하고 깨닫게 되어 앞으로 공간 설계를 할 때 10대를 고려한 시설이 많아지리라 생각합니다.

25 대세로 떠오른 자율 주행 자동차
우리는 자동차에서 무엇을 할 수 있을까?

자율 주행 자동차는 사람이 운전대를 잡고 페달을 밟지 않아도 목적지까지 스스로 가는 차예요. 운전자가 도로 상황을 확인하지 않아도 되므로 차 안에서 자유롭게 시간을 보낼 수 있어요. 자동차는 이제 '움직이는 생활 공간'이 될 거예요.

벌써 많은 자동차 회사가 차 안에서 할 수 있는 다양한 기능을 준비하고 있어요. 자동차 내부를 영화관처럼 만들어 영화나 드라마를 볼 수 있게 하거나, 게임방처럼 만들어 최신 게임을 즐길 수 있도록 연구하고 있어요. 노래방 시스템을 설치해서 여럿이 노래 부르며 이동하게 하거나, 냉장고와 커피 머신을 둬서 음료와 간식을 편하게 먹을 수 있게 하거나, 운동 기구도 들여 요가나 스트레칭을 할 수 있도록 개발하고 있어요.

자동차 실내 디자인도 지금과는 완전히 달라질 거예요. 기존 자동차에서는 운전석이 앞쪽을 바라봐야 하지만, 앞으로는 좌석을 자유롭게 회전시킬 수 있을 거예요. 거실에서 가족과 함께 시간을 보내듯 탑승자끼리 마주 보며 대화를 나눌 수도 있을 거예요. 자동차 업계에서 일하는 사람들은 오늘도 차 안에서 시간을 더 가치 있게 보낼 수 있는 방법을 끊임없이 연구하고 있어요. 이럴 때 여러분도 아이디어를 내면 미래 자동차를 개발하는 사람들에게 큰 도움이 될 거예요. 여러분이 원하는 미래의 자동차 공간은 어떤 모습인지 마음껏 상상해 봐요.

아이디어를 떠올리기 위한 도움 자료

자동차가 아니라 '바퀴 달린 집'

미래의 자동차는 단순한 자동차가 아니라 '바퀴 달린 집'과 같대요. 유리창이 특별한 스크린으로 변신해서 차 안에서 스포츠 경기나 공연을 실감 나게 볼 수 있고, 게임을 하거나 영화를 감상할 수도 있어요. 차 안에서 회의, 운동, 쇼핑도 할 수 있죠. 미래의 자동차는 탑승자의 건강 상태를 확인해서 대안을 내놓기도 해요. 몸이 아파 보이거나 졸려 보이면 그에 맞는 처방을 제안하고 차 안의 공기가 나빠지면 스스로 창문을 열어 환기도 해 주고, 탑승자의 감정 상태에 맞춰 실내 분위기를 바꿔주기까지 한대요. 미래의 자동차 모습이 궁금하다면 오른쪽 QR 영상을 살펴보세요. 자동차의 외관부터 내부까지 지금과는 전혀 다른 자동차를 만날 수 있어요.

자율 주행차에서 무엇을 할 수 있을까?
(출처: YTN 사이언스 유튜브)

자율 주행 자동차가 궁금해? 직접 탑승해 봐

최근 많은 곳에서 자율 주행 자동차 체험 서비스를 운영하고 있어요. 강원도 강릉에서는 2025년까지 세 개 노선을 운영한다고 해요(올림픽뮤지엄~올림픽뮤지엄(A노선), 올림픽뮤지엄~초당(B노선), 안목해변~오죽헌~안목해변(C노선)). 강릉을 방문할 계획이 있다면 온라인 홈페이지(https://lmo.kr/autoBusApp/index/?regionId=RGN0001) 또는 콜센터(1668-2115)에서 예약하고 꼭 이용해 봐요. 서울시 강서구에 있는 서울퓨처랩에는 혁신 기술 체험관 중 하나인 스마트 서울 투어관이 있어요. 이곳에서는 자율 주행 로봇으로 얼굴·장애물을 비롯한 사물을 인식하고 학습하는 인공 지능 기능을 알아보고, 로봇을 훈련시켜 대결하게 하는 AI 자율 주행 레이스를 체험할 수 있어요. 자율 주행 자동차의 기술이 어떻게 작동하는지 직접 보고 배울 수 있어 흥미로울 거예요.

반려동물을 위한 자율 주행 자동차도 있다고?

한 자동차 회사에서 '도그모빌리티(Dogbility)'라는 특별한 자동차를 기획한 적이 있어요. 반려견이 잘 볼 수 있게 하는 색 조절 기능, 털이 긴 강아지를 위한 자동 건조 모드, 반려견이 좋아하는 냄새(땅콩버터, 치즈, 육포)로 긴장을 풀어 주는 기능, 심지어 빠진 털을 쉽게 청소할 수 있는 탈부착 시트까지 있다고 해요. 물론 아직 이 자동차가 만들어진 건 아니지만, 반려견이 함께 이용할 수 있는 자율 주행 자동차에 얼마나 많은 사람이 관심이 있는지를 보여주는 예시예요. 여러분도 동물, 장애인, 노약자 등 다양한 사용자를 위한 아이디어를 떠올려 봐요.

아이디어를 펼치고 평가하기

여러 가지 아이디어를 떠올려 봐요

- 자동차에서 내가 주로 하는 일은 무엇인가요?
- 그때 어떤 점이 불편했나요?
- 반려동물, 어린이, 노인, 수험생, 멀미가 심한 사람, 회사원 등 다양한 사용자를 위한 아이디어를 떠올려 봐요.

떠오르는 생각을 전부 적어 봐요

내가 생각한 아이디어 Top 3

내가 생각한 Top 1 아이디어를 평가해요

- 실현할 수 있는 아이디어인가요? ☆☆☆☆☆
- 자율 주행 자동차를 잘 활용하기 위한 아이디어인가요? ☆☆☆☆☆
- 흔하지 않은 독창적인 아이디어인가요? ☆☆☆☆☆
- 많은 사람이 공감할 수 있는 아이디어인가요? ☆☆☆☆☆

여기서 잠깐 — 감정과 감성을 고려하는 자동차가 대세

요즘 자동차는 감정을 고려하고 감성 경험을 극대화하는 방향으로 발전하고 있어요. 먼저 자동차에 설치된 카메라와 센서가 운전자의 감정을 파악해 그에 맞는 분위기를 조성할 수 있어요. 자동차에 표정을 입히는 기술도 개발되고 있고요. 기존 자동차는 앞부분에 엔진을 식혀 주는 '그릴'이 있지만, 전기차에는 엔진이 없어 그릴도 필요 없어요. 그래서 자동차 회사들은 이 부분을 LED 디스플레이로 바꾸고, 자동차가 다양한 표정을 짓게 만드는 연구를 하고 있어요. 예를 들어, 자동차가 화가 났을 때는 눈썹을 찌푸린 표정을, 평온한 상태일 때는 웃는 얼굴을 LED 화면에 띄우는 거예요. 이 기능이 실현되면 자동차가 자기 감정을 표현하고 사람들과 소통할 수 있지요. 이런 감정 인식 기술과 표정 기술을 접목하면 어떤 서비스가 가능할까요? 자율 주행 자동차를 더욱 즐겁게 만들 수 있는 아이디어를 떠올려 보세요.

나만의 아이디어를 제안하는 글을 써 보세요

여러분은 아래 예시보다 내용은 풍부하게, 분량은 길게 써 주세요

* **문제 상황 알려 주기** 저는 어린 시절의 경험을 떠올려 유아를 위한 자율 주행 자동차 서비스를 생각해 보았습니다. 어른들은 자동차에서 스마트폰을 보거나 음악을 들으면서 시간을 보낼 수 있지만, 유아는 카시트에 앉아 이동하는 동안 너무 심심하고 지루합니다. 그래서 짜증을 내거나 울음을 터뜨리기도 합니다.

* **내 아이디어 설명하기** 먼저 차에 탈 때부터 자동차 그릴에 친근한 표정을 띄워 거부감이 들지 않도록 하고, 내부에는 아이가 좋아하는 만화 캐릭터가 인사하는 화면이 재생되면 좋겠습니다. 그리고 차량에 있는 인공 지능이 실시간으로 아이의 기분을 확인해서 졸릴 때는 부드러운 조명을 켜 주고, 지루해하면 좋아하는 캐릭터와 노래를 재생해 주도록 합니다. 아이가 좋아하는 놀이가 있다면 캐릭터가 아이와 놀아 줄 수도 있습니다. 끝말잇기, 369게임, 거꾸로 말하기 게임 등 도구가 필요 없는 간단한 게임으로 시간을 재미있게 보낼 수 있습니다.

* **내 아이디어의 장점 소개하기** 아이는 차 안에서 편안하고 즐겁게 시간을 보낼 수 있고, 부모님도 아이를 계속 달래지 않아도 되니 이동 시간이 훨씬 편안해집니다. 이렇게 가족 모두가 행복해지는 좋은 아이디어라고 생각합니다.

 **26** 더 이상 양심에만 맡길 순 없어요

무인점포 절도 예방 프로젝트

얼마 전, 선생님이 근무하는 초등학교에 경찰서에서 보낸 문서가 도착했어요. 문서에는 한 아이의 얼굴이 선명하게 찍힌 CCTV 사진이 붙어 있었어요. 이 아이는 무인점포에서 물건을 계산하지 않고 그냥 들고 나갔다고 해요. 경찰은 우리 학교 학생인지 확인해 달라고 요청했어요. 이런 일이 처음이냐고요? 매년 경찰서에서 학교로 이런 문서를 보내요. 그리고 이건 우리 학교만의 문제가 아니에요.

무인점포에서 물건을 훔치는 10대 이야기가 뉴스에 꽤 자주 나와요. 심지어 가위로 키오스크를 열어 현금을 훔치거나 망치로 기계를 뜯어내려 한 사건도 보았어요. 최근 5년 동안 무인점포에서 발생한 절도 사건 중 절반 이상은 10대 청소년이 저지른 일이라고 하니 상황이 무척 심각해요.

앞으로 무인점포는 더욱 늘어날 거예요. 무인점포는 24시간 운영되므로 밤에도 이용할 수 있고, 주인이 없어도 손님 스스로 계산할 수 있어 편리하기 때문이죠. 하지만 가게를 지키는 사람이 없다 보니 도난 사건도 더 쉽게 일어나요. 이 문제를 어떻게 해결할 수 있을까요? "양심적으로 행동하자."라는 말로는 부족해요. 무인점포에서 발생하는 절도 문제를 막기 위한 새로운 방법이 필요한 때예요. 여러분의 해결책이 절실해요. 도와주세요.

무인점포 도난 사건과 대처 사례

문제가 얼마나 심각한지 공감하기

전국에서 무인점포 도난 사건은 하루 평균 13건 발생한다고 해요. 1년이면 6,300건이 넘는다는 말이죠. 그런데 이 중 35%가 10대 청소년이 저지른 일이라고 해요. 아래 QR 영상 속 10대 청소년은 무인 아이스크림 가게에 들어가 공구로 계산대를 열고 돈을 훔쳤어요. 놀라운 건 이 아이들이 가게에 들어가서 나오는 데까지 걸린 시간이 겨우 2분이었고, 여덟 곳을 돌며 같은 방법으로 돈을 훔치는 데 걸린 시간은 4시간이 넘지 않았다는 거예요.

무인점포 절도 피해 잇따라 '피의자의 1/3은 10대'
(출처: 대전 MBC 뉴스 유튜브)

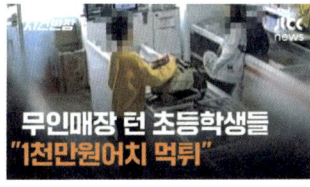 

무인 매장 턴 초등학생들 "1천만 원어치 먹튀"
(출처: JTBC 뉴스 유튜브)

무인점포 절도 막는 '등신대' 아이디어

QR 영상을 보면 한 사람이 무인점포로 들어서더니 큰 가방에 물건을 쓸어 담고 있었어요. 그러다 가게 한쪽에 서 있는 경찰관 등신대(실물 크기의 모형)를 보고 깜짝 놀라 멈췄어요. 이처럼 사람들은 누군가 자신을 지켜보고 있다고 생각하면 충동적인 행동을 줄일 확률이 높다고 해요. 실제로 무인점포에 경찰관 등신대를 설치한 뒤, 112 신고 건수가 절반으로 줄었다는 통계도 있어요. 어떤 가게에서는 양심 거울을 설치하기도 해요. 거울에 비친 자기 모습을 보면 '내가 지금 나쁜 짓을 하는 건 아닐까?' 하고 되돌아본다고 해요. 물론 이런 방법만으로 도난 사건을 완전히 막을 수는 없어요. 하지만 이렇게 작은 장치로도 사람의 마음을 움직이고 범죄를 줄이는 효과를 낼 수 있답니다.

등신대 보고 "어이쿠" … 무인점포 절도 막는 아이디어
(출처: YTN 사이언스 투데이 유튜브)

체포된 상황을 통해 아이디어 떠올리기

QR 영상을 보면 도둑이 무인 밀키트 가게에서 여러 차례 물건을 훔쳤어요. 하루는 가게 주인이 CCTV를 지켜보다 가게에 들어선 도둑을 보고 원격으로 문을 잠가 버렸어요. 도둑은 가게에 갇혔고, 출동한 경찰에게 붙잡혔지요. 이처럼 가게 문을 원격으로 조종하는 시스템을 활용하면 도둑이 쉽게 빠져나가지 못하게 할 수 있어요. 가게 주인이 실시간으로 CCTV를 보다 수상한 행동을 하는 사람이 있으면 경고음을 울리는 방법도 효과적이에요. 가게 출입문을 아예 얼굴 인식 시스템으로 바꾸어 신원이 확인된 사람만 들어가게 하면 어떨까요? 범죄를 예방할 방법을 더 고민해 봐요.

무인 가게 털이범의 최후 … 원격 조정으로 '철커덕'
(출처: 채널A 뉴스 유튜브)

아이디어를 펼치고 평가하기

여러 가지 아이디어를 떠올려 봐요

- 무인점포에서는 도난 사건이 왜 이렇게 많이 발생하는 걸까요?
- 무인점포 절도범은 검거하기가 왜 어려운 걸까요?
- 학교에서는 어떤 교육을 할 수 있을까요?

떠오르는 생각을 전부 적어 봐요

내가 생각한 아이디어 Top 3

내가 생각한 Top 1 아이디어를 평가해요

- 비용이 크게 들지 않는 현실적인 아이디어인가요? ☆☆☆☆☆
- 절도 사건을 방지하는 데 도움이 되는 아이디어인가요? ☆☆☆☆☆
- 흔하지 않은 독창적인 아이디어인가요? ☆☆☆☆☆
- 윤리·인권 문제를 일으키지 않는 아이디어인가요? ☆☆☆☆☆

여기서 잠깐

이런 훈훈한 이야기도 있어요

어느 날, 한 아이가 무인점포에서 물건을 고르고 계산하려고 했어요. 하지만 동전 투입구가 고장 나 있었죠. 한참을 고민한 아이는 CCTV를 향해 동전을 보여 주고, 기계 옆에 조심스럽게 내려놓았어요. 그리고 메모지에 "동전 넣을 곳이 없어서 옆에 두고 갈게요. 죄송합니다."라고 적은 다음 가게를 나섰죠. 며칠 전 도난 사건으로 마음이 상했던 점주는 메모를 보고 감동했어요. 근처 초등학교에 다니는 아이라는 걸 알고 부모에게 선물을 보냈지만, 부모는 선물을 사양하고 오히려 작은 화분을 점주에게 선물로 주었어요. 무인점포에서 나쁜 행동을 하는 사람도 있지만, 이렇게 정직한 행동으로 감동을 주는 사람도 있어요. 이런 친구가 많아지길 기대해요.

"죄송합니다" 초등생 쪽지에 눈물 흘린 무인점포 사장
(출처: SBS 뉴스 유튜브)

나만의 아이디어를 제안하는 글을 써 보세요

 **여러분은 아래 예시보다 내용은 풍부하게, 분량은 길게 써 주세요**

* **문제 상황 알려 주기** 무인점포는 주인이 없어도 손님이 직접 물건을 사고 결제하는 방식이라 편리하지만, 도난 사건이 자주 발생합니다. 뉴스를 보면 특히 10대 청소년 절도 비율이 높다고 합니다. 친구들과 장난삼아 물건을 가져가기도 하고, '한두 개쯤은 괜찮겠지.' 하는 가벼운 마음으로 훔친다고도 합니다. 하지만 이런 행동은 불법이고, 반복되면 점포 운영에 어려움이 생기고, 결국 무인점포가 사라질 수도 있습니다.

* **내 아이디어 설명하기** 저는 청소년 절도를 막기 위해 '양심 쿠폰' 아이디어를 떠올렸습니다. 무인점포에서 정직하게 결제한 사람에게는 자동으로 양심 쿠폰이 발급되는데, 이 쿠폰을 10장 모으면 10% 할인 혜택을 받을 수 있습니다. 쿠폰 개수에 따라 더 큰 혜택을 받을 수도 있고, 가장 많이 모은 사람은 매달 작은 상품을 받을 수도 있습니다. 이렇게 하면 도둑질을 하기보다는 양심적으로 결제하고 보상을 받으려는 마음이 더 커질 것 같습니다.

* **내 아이디어의 장점 소개하기** 청소년 절도를 줄이면서도 사람들이 정직하게 행동하도록 유도할 수 있습니다. 또한 할인 혜택이 생기면 더 많은 사람이 무인점포를 이용하고 싶어질 것입니다. 그러면 무인점포 운영자에게도 도움이 되고, 아이들도 정직하게 행동하는 습관을 기를 수 있어 일거양득의 아이디어라고 생각합니다.

요즘은 재미있는 축제가 대세

내가 직접 지역 축제를 기획해 볼까?

바쁜 일상에서 벗어나 신나는 경험을 하고픈 사람이 늘고 있어요. 그래서 공연을 보거나 꽃을 감상하는 전통적인 축제 대신, 지역의 고유한 매력과 이야기를 담은 창의적인 축제가 인기를 얻고 있지요.

'나라살림연구소' 보고서에 따르면, 2024년에는 전국에서 무려 1,170개의 지역 축제가 열렸다고 해요. SNS와 인터넷이 발달하면서 사람들은 각 지역의 특색 있는 축제 소식을 빠르게 접할 수 있게 되었고, 재미있는 축제에 대한 이야기가 널리 퍼졌어요. 김천의 김밥 축제는 시민들이 좋아하는 '김밥천국' 이미지를 담아 대박을 터뜨렸고, 구미의 라면 축제와 대구의 떡볶이 페스티벌은 지역 고유의 맛과 문화를 창의적으로 표현해 전 국민의 관심을 받았지요. 이런 사례를 바탕으로 공주에서는 프린세스 축제, 고성에서는 샤우팅 축제, 화성에서는 외계인 축제, 성남에서는 분노 축제를 하자는 유쾌한 반응도 나오고 있어요.

축제에 대한 수요는 점점 늘어날 전망이에요. 여러분이 축제를 만든다면 어떤 축제를 기획할 수 있을까요? 꼭 지역 축제가 아니어도 좋아요. 아파트 축제처럼 소규모 축제도 많으니까요. 여러분의 눈높이에 맞춰 어린이, 청소년, 가족이 즐길 수 있는 축제를 기획해 주세요. 뻔하고 단순한 축제 말고 재미있는 아이디어와 창의력이 돋보이는 '진짜' 신나는 축제를 떠올려 주세요.

아이디어 넘치는 지역 축제 사례

김천의 김밥 축제

'김천' 하면 '김밥천국'을 떠올리는 사람이 많았다고 해요. 그래서 경상북도 김천에서는 "그래? 이참에 김밥 축제를 열어 보자!" 하고 축제를 열었어요. 축제장은 소풍 온 기분이 나도록 꾸몄어요. 김밥을 플라스틱 용기가 아닌 '뻥튀기 접시'에 담아 주는 게 인상적이라고 해요. 김밥을 다 먹고 뻥튀기 그릇을 바삭바삭 씹어 먹을 수 있어 쓰레기도 대폭 줄일 수 있어요. 이 축제에서는 사람들이 특별한 김밥을 만들어서 겨루는 김밥 대회도 열리고, 눈을 가린 채 김밥 속 재료를 맞히는 '김밥물리에' 게임도 열려요. 참가자들은 오이, 유부, 당근 같은 김밥 속 재료를 맛본 후 맞혀야 하죠. 상상만 해도 재미있지 않나요?

구미의 라면 축제

경상북도 구미에서는 라면 축제가 열려요. 구미와 라면이 무슨 상관이냐고요? 우리나라에서 가장 큰 라면 공장이 구미에 있거든요. 축제에서는 갓 생산된 라면을 바로 맛볼 수 있는 '갓나라면' 코너가 가장 인기예요. 축제장 곳곳에서는 독특한 라면 요리도 맛볼 수 있어요. 예를 들면, 치즈돈가스 라면, 해물라면, 심지어 우유가 들어간 크림 같은 라면까지 있어요. 라면 빨리 먹기 대회, 라면 요리 경연 대회 등 다양한 이벤트도 열려요. 참가자들은 라면을 가장 맛있게 혹은 가장 빠르게 먹기 위해 도전하지요. 우승자에게는 상품도 준다고 하니 정말 신나는 시간이겠죠?

대구의 떡볶이 축제

대구광역시에서는 떡볶이 축제가 열려요. 대구의 프랜차이즈 떡볶이 가게와 로컬 맛집은 물론 전국 각지의 특별한 떡볶이 가게가 한자리에 모여요. 전통 국물 떡볶이부터 로제 소스를 얹은 퓨전 떡볶이, 해물과 깻잎을 넣은 독특한 떡볶이까지 '떡볶이 천국'에 온 듯 다양한 맛을 즐길 수 있지요. 곁들임 메뉴로 튀김, 김밥, 어묵 등도 나와 풍성한 맛의 조화를 느낄 수 있어요. 직접 떡볶이를 만들어 보는 체험 부스도 운영하고, 떡볶이 빨리 먹기 대회, 퀴즈 대회 같은 재미있는 행사도 열린다고 해요. 많은 사람이 떡볶이를 함께 즐기며 축제를 만끽할 수 있겠죠?

화제의 김천김밥축제 직접 다녀온 후기(출처: 스브스뉴스 유튜브)

구미라면축제 갓 나온 라면 먹고 옴(출처: 스브스뉴스 유튜브)

어린이도 어른도 즐거운 2024 떡볶이 페스티벌 (출처: 대구 MBC program 유튜브)

아이디어를 펼치고 평가하기

여러 가지 아이디어를 떠올려 봐요

- 축제에서 무엇을 즐길 수 있을까요?
- 어떻게 하면 많은 사람이 즐겁게 참여할 수 있을까요? 그러자면 어떤 이벤트가 좋을까요?
- 축제에 참여한 사람들의 편의성도 고려해요.

떠오르는 생각을 전부 적어 봐요

내가 생각한 아이디어 Top 3

내가 생각한 Top 1 아이디어를 평가해요

- 실현할 수 있는 아이디어인가요? ☆☆☆☆☆
- 재미있게 즐길 수 있는 축제를 위한 아이디어인가요? ☆☆☆☆☆
- 흔하지 않은 독창적인 아이디어인가요? ☆☆☆☆☆
- 많은 사람의 호응을 얻을 수 있는 아이디어인가요? ☆☆☆☆☆

축제에는 이런 아쉬운 점도 있어요

완벽한 축제도 있지만 아쉬운 축제도 있어요. 한 번은 경치가 무척 아름다운 장소에서 열리는 축제에 갔는데 오르막길이 길고 차가 많아 이동하기가 어려웠어요. 어린아이를 데리고 온 가족이라면 훨씬 힘들었을 거예요. 음식이 부족한 축제도 있었어요. 예상보다 많은 인파가 몰려, 오후가 되자 음식 부스의 재료가 거의 떨어져 마감했더라고요. 음식을 사는 데 몇 시간을 기다려야 했고, 그마저도 늦게 도착한 사람은 음식 구경도 못 하고 컵라면과 삼각김밥으로 배를 채워야 했어요. 축제에 많은 사람이 몰리면 교통 문제나 음식 부족 같은 문제가 생길 수 있어요. 이런 문제를 염두에 두고 해결 방법을 떠올려, 더욱 즐거운 축제를 만들 수 있는 아이디어를 이야기해 보아요.

나만의 아이디어를 제안하는 글을 써 보세요

 **여러분은 아래 예시보다 내용은 풍부하게, 분량은 길게 써 주세요**

* **문제 상황 알려 주기** 축제는 특별한 경험을 선물해 줍니다. 요즘은 재미있고 색다른 축제가 큰 인기를 끌고 있습니다. 저는 어린이날을 더 특별하게 만들기 위해 새로운 축제를 기획해 보려고 합니다.

* **내 아이디어 설명하기** 저는 학교를 주제로 한 어린이날 축제를 생각해 보았습니다. 이 축제에는 전국 학교의 대표 급식 메뉴를 맛볼 수 있는 급식 체험 부스가 있습니다. 인터넷에서 화제가 된 급식 메뉴를 직접 먹어 볼 수도 있고, TV 프로그램에서 유명해진 '급식대가' 같은 분을 초청해 특별한 요리를 맛볼 수도 있습니다. 또 아이들이 좋아하는 급식 메뉴 골든벨을 열어 급식과 관련된 퀴즈를 풀어 보는 재미도 느낄 수 있습니다. 학교 체육 시간을 그대로 재현한 운동 코너도 마련하고 싶습니다. 이곳에서는 피구나 발야구 같은 게임을 즐길 수 있습니다. 작은 운동회를 열어서 친구들과 팀을 이뤄 겨뤄 볼 수도 있습니다.

* **내 아이디어의 장점 소개하기** 아이들은 맛있는 음식과 신나는 놀이를 한 번에 즐길 수 있어 재미있는 시간을 보낼 수 있습니다. 또 학교라는 익숙한 공간을 주제로 하여 아이들의 눈높이에 맞추었다는 것도 장점입니다. 어른들도 학창 시절을 떠올리며 함께 즐길 수 있으니, 남녀노소 모두에게 특별한 추억을 선물하는 축제가 될 것입니다.

모든 사람을 위한 디자인

함께해요, 유니버설 디자인

생활 속 디자인에도 '배려'와 '관용'이 담겨야 해요. 유모차를 쉽게 끌 수 있도록 낮게 설계된 인도, 휠체어가 지나가기 편한 경사로, 시각 장애인을 위한 점자 안내판 등이 이런 디자인에 들어가요. 이렇게 모든 사람이 편리하게 이용할 수 있도록 만들어진 디자인을 '유니버설 디자인(범용 디자인)'이라고 해요. 즉, 일반 성인뿐 아니라 장애인, 노인, 어린이, 외국인 등 누구라도 편하게 사용할 수 있도록 설계된 디자인이죠.

선생님은 왼손잡이인 어린 아들과 함께 지내는데, 해외 생활을 하면서 우리나라의 유니버설 디자인이 아직 부족하다는 것을 느꼈어요. 여러분도 혹시 생활하면서 '이건 어린이나 학생을 전혀 고려하지 않은 디자인이잖아!'라고 생각한 적이 있나요? 또는 할머니·할아버지가 노인을 고려하지 않은 디자인 때문에 불편을 겪는 걸 본 적이 있나요?

우리는 앞으로 더욱 다양한 사람을 배려하는 세상에서 살아갈 거예요. 그러니까 지금부터라도 유니버설 디자인에 관심을 갖고 내 주변에 배려가 부족한 시설이나 장소가 있는지 살펴보면 좋겠어요. 그리고 직접 디자인할 기회가 오면 나는 물론 모두를 위한 착한 디자인을 고민해 보길 바라요. 할 수 있겠죠?

생활 속 불편 사례와 개선 아이디어

왼손잡이 아들을 키우는 선생님의 경험담

선생님은 오른손잡이라 몰랐는데 왼손잡이 아들에게는 불편한 것이 꽤 많다는 걸 알았어요. 예를 들어, 아이들 사이에서 인기 있는 컴퓨터 장난감이 있어요. 이 장난감으로 한글과 숫자를 배우고 간단한 게임도 할 수 있지요. 그런데 이 장난감의 마우스는 오른쪽에만 있어 왼손잡이인 아들은 사용하기가 불편했어요. 글씨 공부를 할 때도 문제가 생겼어요. 책에 담긴 예시 글자가 모두 왼쪽에 쓰여 있었어요. 오른손잡이인 선생님은 글자를 쉽게 따라 쓸 수 있지만, 아들은 글씨를 쓰는 손에 예시 글자가 가려져서 잘 보이지 않아요. 게다가 왼손으로 글씨를 쓰다 보니, 쓴 글씨가 손에 자꾸 문질러져 번지니까 더 힘들죠. 이런 경험을 하면서 디자인할 때 왼손잡이도 배려해야 한다고 생각했어요. 왼손잡이 아이들은 우리가 겪지 못하는 불편함을 많이 겪고 있을 거예요. 모두가 편하게 사용할 수 있는 착한 디자인이 꼭 필요한 이유랍니다.

초등 저학년 아이들이 느끼는 생활 속 불편함

키가 크고 힘이 센 초등 고학년생이나 어른들은 쉽게 할 수 있는 일도 초등 저학년 아이들에게는 어려울 수 있어요. 예를 들어, 마트에 가면 과자나 물건이 너무 높은 곳에 있어 손이 닿지 않는 경우가 많아요. 병뚜껑을 돌려서 따는 병은 웬만큼 힘을 주지 않으면 따지지 않아요. 이런 불편함을 떠올리며 디자인 아이디어를 떠올려 주세요.

초등 고학년생들의 멋진 아이디어

초등 고학년생들이 떠올린 멋진 아이디어를 몇 개 소개할게요. 아래 첫 번째 그림은 '패드형 식판'이에요. 초등 저학년생은 식판이 무거워 수저와 식판을 함께 들기가 힘들어요. 그래서 수저를 식판에 붙일 수 있는 아이디어를 떠올렸어요. 두 번째 그림은 높은 곳에 있는 물건을 쉽게 꺼낼 수 있는 '물레방아 선반'이에요. 마지막 그림은 캔 뚜껑을 따기 힘든 아이를 위해 캔 뚜껑 따는 장치를 바깥쪽에 부착한 '캔따쉽' 아이디어예요. 정말 멋지지 않나요?

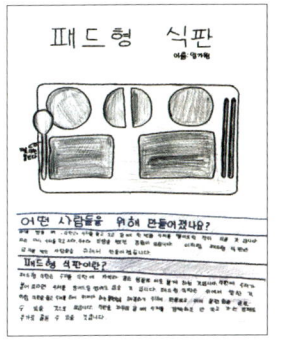
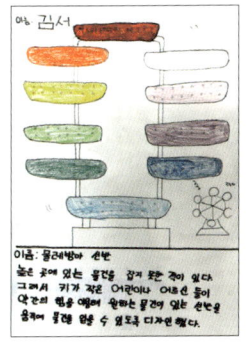

아이디어를 펼치고 평가하기

여러 가지 아이디어를 떠올려 봐요

- 외국인, 노인, 어린이, 유아 동반 가족, 반려동물 동반 가족, 장애인 등 여러 대상을 생각해 봐요.
- 학교, 병원, 마트, 놀이공원, 수영장, 공원 등 여러 장소를 생각해 봐요.
- 너무 많은 대상을 한꺼번에 고려하기보다 대상과 장소를 한 가지로 정하여 집중해요.

떠오르는 생각을 전부 적어 봐요

내가 생각한 아이디어 **Top 3**

내가 생각한 Top 1 아이디어를 평가해요

- 실현할 수 있는 아이디어인가요? ☆☆☆☆☆
- 유니버설 디자인이라는 주제에 적합한 아이디어인가요? ☆☆☆☆☆
- 흔하지 않은 독창적인 아이디어인가요? ☆☆☆☆☆
- 너무 복잡하지 않은 간단한 아이디어인가요? ☆☆☆☆☆

여기서 잠깐

캐나다에서 만난 유니버설 디자인

지금 선생님은 캐나다에 살고 있어요. 여기서 만난 유니버설 디자인 중에서 인상 깊었던 걸 소개할게요. 첫 번째, 수영장에 있는 가족 탈의실이에요. 한국에서는 아들과 둘이 수영장에 가면, 여덟 살 난 아들을 여자 탈의실에 데려갈 수 없고, 남자 탈의실에 혼자 보내자니 걱정스러웠죠. 하지만 캐나다에는 가족 모두가 함께 옷을 갈아입을 수 있는 가족 탈의실이 있어서 정말 편리해요. 두 번째, 모든 출입문, 심지어 화장실 문에도 휠체어 사용자를 배려한 자동문 버튼이 있어요. 문을 여닫기 힘든 사람을 위해 버튼만 누르면 문이 열리는 구조랍니다. 선생님은 거의 모든 건물에서 이런 버튼을 보면서 이웃을 배려하는 마음을 느낄 수 있었어요.

수영장에 있는 가족 탈의실

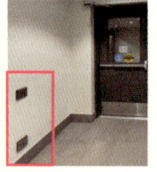
자동문 버튼

나만의 아이디어를 제안하는 글을 써 보세요

내가 생각한 디자인의 이름은?

누구를 위한 디자인인가요?

어떤 어려움을 해결하기 위한 것인가요?

이 디자인은 위의 어려움을 어떻게 해결하고 있나요?

내가 생각한 유니버설 디자인을 그림으로 표현해 주세요.

29 반려동물 천만 시대 돌파
반려동물을 위해 내가 할 일은 뭘까?

반려동물을 키우는 사람이 많아지면서 이와 관련된 서비스와 상품도 늘고 있어요. 몇 년 전만 해도 강아지 유치원이나 반려동물 호텔이 생소한 서비스였지만 이제는 익숙해졌지요. 요즘은 반려동물과 함께 여행할 수 있도록 돕는 반려동물 전용 호텔도 생기고, 반려동물과 함께 영화를 볼 수 있는 영화관까지 등장했어요. 최근에는 명절에 반려동물과 함께 귀성할 수 있는 버스가 생겨 큰 인기를 끌었답니다.

이뿐만이 아니에요. 반려동물을 위한 특식도 많아지고 있어요. 반려견용 피자나 케이크 같은 간식은 기본이고, 반려견이 안전하게 먹을 수 있도록 조리된 건강식도 있어요. 심지어 반려동물 전용 베이커리 카페까지 등장해 반려동물과 함께 브런치를 즐길 수 있어요. 반려동물과 관련한 직업도 생겼어요. 반려동물의 마지막 순간을 함께하는 '반려동물 장례지도사'가 대표적이에요. 반려동물의 장례를 전문적으로 진행하고 보호자의 마음을 위로하는 역할을 하죠.

이처럼 반려동물을 위한 서비스와 상품은 빠르게 발전하고 있어요. 앞으로 어떤 상품과 서비스가 등장할지 궁금하지 않나요? 여러분이 반려동물을 위해 새로운 상품이나 서비스를 만든다면 어떤 것을 기획하고 싶나요? 재미있고 유용한 아이디어를 떠올려 보세요.

반려동물을 위해 이미 제안된 서비스

혼자 있는 반려동물을 위한 안심 서비스

스마트폰 앱과 연결된 홈 CCTV로 언제 어디서든 반려동물을 실시간으로 확인할 수 있어요. 반려동물에게 보호자가 말을 걸 수 있도록 음성 소통 기능이 더해진 홈 CCTV도 있어요. 반려동물이 밥을 거르지 않도록 정해진 시간에 사료를 제공하는 자동 급식기, 반려동물과 원격으로 놀아 주는 데 도움을 주는 원격 조작 반려동물용 장난감, 보호자가 없어도 반려동물과 놀아 줘서 활동량을 유지해 주는 스마트 산책 로봇도 있고요. 장시간 집을 비워야 할 때는 전문 반려동물 돌보미 서비스를 이용할 수도 있어요.

반려동물을 위한 의식주

반려동물이 더운 여름이나 추운 겨울에도 쾌적하게 쉴 수 있도록 자동으로 온도를 조절하는 스마트 침대도 있어요. 체온 감지 센서가 있어서 반려동물의 건강 상태를 확인할 수도 있고, 음악이나 특정 소리를 재생해 반려동물의 스트레스를 줄여 주는 기능도 있다고 해요. 반려동물용 음식도 점점 다양해지고 있어요. 치킨, 김밥, 케이크처럼 생긴 간식은 물론 시리얼, 말린 과일, 음료도 있어요. 반려동물 패션 역시 패딩, 파자마, 비키니, 비옷까지 다양해요. 반려동물과 함께 등산이나 캠핑을 갈 때 입을 수 있는 기능성 옷도 인기라고 해요.

출처: 펫프렌즈

출처: 꼬까독

출처: 단연코케이크

반려동물과 추억 만들기

반려동물의 생일을 축하하는 보호자도 늘고 있어요. 반려동물 이름을 넣은 생일 케이크와 간식은 물론 선물까지 준비하여 기념일을 함께 보낸답니다. 반려동물과 함께하는 시간을 기록으로 남기는 반려동물 전문 사진관도 인기예요. 특별한 날 기념사진을 찍거나 매년 같은 장소에서 반려동물과 함께한 시간을 촬영하여 기록하는 사람들이 많다고 해요. 반려동물과 여행하기도 빼놓을 수 없겠죠. 반려동물 전용 객실이 있는 숙소에서는 편안한 휴식을 즐길 수 있고, 전용 야외 공간에서 자유롭게 산책도 할 수 있어요. 제주도에서는 반려동물과 함께 자연을 만끽할 수 있는 여행 코스를 시범적으로 운영하고 있어요. 여행하는 내내 반려동물 전문 안내인이 동행하는 서비스가 있어 보호자도 안심하고 반려동물과 여행할 수 있답니다.

아이디어를 펼치고 평가하기

여러 가지 아이디어를 떠올려 봐요

- 1인 가구, 노인, 어린아이를 키우는 가족, 장애인 등 반려동물과 함께하는 다양한 사람들의 상황을 생각해요.
- 공공시설, 놀이 시설, 운동 시설, 편의 시설 등 다양한 장소에서 반려동물과 함께하는 상황을 떠올려요.
- 의·식·주, 레저 생활, 문화생활, 심신 안정, 건강 등 반려동물을 위한 다양한 분야를 생각해 봐요.

떠오르는 생각을 전부 적어 봐요

내가 생각한 아이디어 Top 3

내가 생각한 Top 1 아이디어를 평가해요

- 실현할 수 있는 아이디어인가요? ☆☆☆☆☆
- 반려동물과 함께하는 사람들에게 도움이 되는 아이디어인가요? ☆☆☆☆☆
- 흔하지 않은 독창적인 아이디어인가요? ☆☆☆☆☆
- 반려동물에게도 이로운 아이디어인가요? ☆☆☆☆☆

여기서 잠깐

'펫밀리(반려동물을 키우는 가구)'의 책임감 있는 태도가 가장 중요해요

매년 버려지는 반려동물이 무려 11만 마리에 이른대요. 특히 보호자가 여행이나 이사를 할 때 동물을 버리는 경우가 많아요. 동물병원이나 호텔에 맡기고 데려가지 않는 일도 있다고 해요. 작고 귀여운 품종견이 인기를 끌면서 이른바 '강아지 공장'에서는 작은 개를 더 작은 개로 품종을 개량한다고 해요. 안 그래도 작은 개를 더 작게 만들다 보니 이런 개들은 유전병에 취약하다고 해요. 동물권 문제를 다룬 《애니캔》을 읽어 보길 추천해요. 책에서는 동물들이 '캔' 속에 보관되어 있다가, 주인이 원할 때 깨어나고, 주인이 정한 수명만큼만 살다가 사라지는 세상이 그려져요.

《애니캔》 은경(글), 유시연(그림), 별숲

나만의 아이디어를 제안하는 글을 써 보세요

 **여러분은 아래 예시보다 내용은 풍부하게, 분량은 길게 써 주세요**

＊ 문제 상황 알려 주기   반려동물을 키우는 사람이 점점 많아지면서, 반려동물과 함께 쇼핑몰에 가거나 식당에서 식사하는 일이 점점 자연스러워지고 있습니다. 하지만 반려동물을 키우지 않는 사람들에게는 익숙하지 않은 문화일 수 있고, 반려동물과 함께 생활하는 것이 위생적이지 않다고 생각할 수도 있습니다. 실제로 저는 반려동물 입장이 가능한 식당에서 식사하던 중 한 반려동물이 바닥에 찔끔 소변을 보는 장면을 본 적이 있습니다. 주인은 이를 알아채지 못했지만, 저는 그 장면을 보고 순간 식욕이 사라지면서 불쾌한 기분이 들었습니다.

＊ 내 아이디어 설명하기   저는 반려동물이 공공장소에 출입할 때 매너벨트를 의무적으로 착용하는 것이 좋겠다고 생각합니다. 매너벨트는 반려동물용 속옷으로 소변이 새지 않도록 도와줍니다. 저는 통기성이 좋고 흡수가 잘되고 갈아입고 벗기 편한 매너벨트 개발을 제안합니다.

＊ 내 아이디어의 장점 소개하기   편안한 매너벨트가 나오면 매너벨트 사용을 권장하기 쉽고, 반려동물 보호자는 매너를 지킬 수 있습니다. 그러면 반려동물을 키우지 않는 사람도 불편함 없이 반려동물과 함께하는 공간을 즐길 수 있습니다. 또한 이런 매너가 생활화된다면 반려동물과 사람이 더 자연스럽게 어울리는 문화가 만들어지리라 생각합니다.

30 AI는 우리 삶을 어디까지 바꿀까?
AI 서비스를 내가 직접 만들어 보기

이제 인공 지능(AI)이라는 단어가 낯설지 않아요. AI는 오래전부터 연구됐지만 우리에게 친숙해진 건 2021년 무렵부터예요. 당시에 선생님도 우리나라에 처음 생긴 AI 교육 전공 대학원에서 AI를 공부하고, 학교에서 관련 수업도 했어요. 하지만 그때만 해도 챗GPT 같은 AI 서비스가 없다 보니, 'AI가 정말 우리 생활에 도움이 될까?' 하고 의심하는 사람이 많았어요.

그러다 불과 몇 년 사이에 AI는 일상에 없어서는 안 될 존재가 되었어요. 지금은 AI를 이용해 글을 쓰는 것은 물론 그림과 영상도 만들 수 있어요. AI가 SNS나 유튜브에 올릴 본문을 작성해 주고, 섬네일도 만들어 주어요. PPT 슬라이드도 AI가 대신 만들어 줄 수 있어요. 두꺼운 책을 순식간에 요약해 주는 AI도 있죠. 이제 AI가 없는 세상은 상상하기 힘든 시대가 되었어요.

AI 기술이 발전할수록 사람들은 'AI로 어떤 새로운 서비스를 만들 수 있을지' 더 고민하게 되었어요. 스마트폰이 처음 등장했을 때, 스마트폰에서 사용할 수 있는 새로운 애플리케이션을 개발하는 일이 큰 화제였던 것처럼요. 많은 회사가 AI를 이용해 더 편리하고 신기한 서비스를 만들기 위해 연구하고 있어요. 여러분도 직접 AI 서비스를 기획해 보고 싶지 않나요? 아이디어를 떠올리고 이야기를 나눠 보아요.

생활 속 AI 활용 사례

AI로 책을 쓰는 아이들

AI와 함께라면 누구나 작가가 될 수 있는 시대예요. 당장 지리산고등학교 아이들은 SF 소설, 시집, 학교생활을 담은 에세이에 이르기까지 다양한 장르의 작품을 AI의 도움을 받아 전자책으로 출간했어요. 책 쓰는 데 도움을 주는 AI 서비스를 소개할게요. 먼저, 기획부터 출판까지 도와주는 '위메이크북' 서비스가 있어요. 어떤 주제로 쓸지 AI가 함께 고민하고, 일정 관리까지 해 준답니다. 문법과 스타일을 교정해 주는 'Grammarly', 구조와 내용을 체계적으로 정리하도록 돕는 'Scrivener', 흥미로운 이야기 구성과 캐릭터를 자동으로 만드는 'Plot Generator'도 있어요. 유튜브에도 무료 강좌가 넘치나니 AI와 함께 나만의 이야기를 세상에 알려 보세요.

AI와 함께라면 요약도 쉽게

시간을 효율적으로 쓰고 싶은 사람은 정보를 요약해 보는 걸 좋아해요. 이럴 때 유용한 AI 서비스도 있어요. 단톡방의 메시지가 쌓였을 때 일일이 확인하지 않아도 카카오톡의 AI 요약 기능을 이용하면 핵심 내용을 몇 줄로 요약해 줘요. 유튜브 영상의 주요 내용을 자동으로 정리해 주는 'Lilys AI'나 'LiveWiki' 같은 영상 요약 AI, 책의 핵심 내용을 간략하게 정리해 주는 'SoBrief' AI도 있어요. 이 AI를 이용하면 긴 책을 빠르게 파악할 수 있고, 읽을 가치가 있는 책인지 미리 판단할 수도 있어요. 40개 이상의 언어를 제공하므로 원서를 읽는 데도 도움을 주죠.

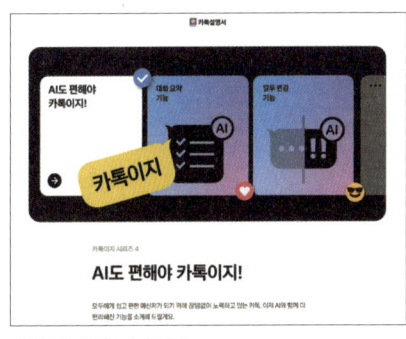

출처: 카카오톡 홈페이지

모든 것에 특화된 끝판왕 AI

선생님은 챗GPT를 정말 자주 사용해요. AI로 그림을 그릴 때, SNS에 게시물을 올릴 때, 유튜브 섬네일을 만들 때 챗GPT의 도움을 받아요. 보고서를 작성하거나 회의록을 만들 때도 챗GPT의 도움을 받지요. 선생님은 요즘 캐나다에서 지내는데, 영어 이메일을 쓸 때도 챗GPT가 큰 도움이 돼요. 챗GPT에는 마이크 기능이 있어서 음성으로도 대화할 수 있어요. 영어로 대화를 나누면서 내가 원하는 표현을 실시간으로 배울 수 있고, 회화 연습도 더욱 쉽게 할 수 있죠. 앞으로 AI가 더 발전하면 어떤 일이 가능해질까요? 여러분도 '끝판왕 AI'를 꿈꾸며 새로운 아이디어를 떠올려 보세요.

아이디어를 펼치고 평가하기

여러 가지 아이디어를 떠올려 봐요

- 유아, 어린이, 청소년, 성인, 노인, 외국인, 장애인 등 다양한 사람을 생각해 봐요.
- 유치원, 학교, 학원, 회사, 집, 마트, 음식점, 은행, 공항 등 다양한 장소를 떠올려 봐요.
- 안전, 교육, 문화생활, 범죄 예방, 재해 예방, 편의 등 다양한 분야를 고려해요.

떠오르는 생각을 전부 적어 봐요

내가 생각한 아이디어 **Top 3**

내가 생각한 Top 1 아이디어를 평가해요

- 실현할 수 있는 아이디어인가요? ☆☆☆☆☆
- 너무 복잡하지 않은 쉽고 간단한 아이디어인가요? ☆☆☆☆☆
- 흔하지 않은 독창적인 아이디어인가요? ☆☆☆☆☆
- 사람에게 도움이 되는 아이디어인가요? ☆☆☆☆☆

AI 윤리도 꼭 지켜요

AI는 아주 편리한 도구이지만 잘못 사용하면 문제가 생길 수 있어요. 예를 들어 '딥페이크'는 AI를 이용해 얼굴이나 목소리를 진짜처럼 합성하는 기술이에요. 허락 없이 친구의 얼굴을 합성하면 사생활 침해가 될 수 있어요. AI로 만든 가짜 게시물도 점점 진짜와 구분하기 힘들어지고 있어요. 불건전한 대화를 학습한 챗봇이 전혀 엉뚱한 대답을 해서 오해를 낳게 하거나 잘못된 길로 이끄는 경우도 생겨요. 요즘 학교에서 문제가 되는 것은 표절이에요. AI가 대신 써 준 글을 과제로 제출하는 일이 많다고 해요. 이러면 우리는 점점 생각하는 힘을 잃게 돼요. 어떤 학교에서는 AI로 쓴 과제를 제출한 학생이 0점을 받기도 했어요. 그러니 아이디어를 떠올릴 때도 AI 윤리를 꼭 고려해 주세요.

나만의 아이디어를 제안하는 글을 써 보세요

 **여러분은 아래 예시보다 내용은 풍부하게, 분량은 길게 써 주세요**

* **문제 상황 알려 주기** 요즘 AI를 이용한 편리한 서비스가 정말 많습니다. 내가 직접 AI 서비스를 만든다면 어떤 걸 만들면 좋을지 생각하다가 제 경험을 떠올리게 되었습니다. 엄마와 단둘이 여행을 갔을 때였습니다. 멋진 사진 명소가 있었지만, 엄마와 함께 사진을 찍기가 어려웠습니다. 매번 지나가는 사람에게 부탁하기도 번거로웠고요.

* **내 아이디어 설명하기** 그래서 저는 AI 스마트 카메라를 제안하고 싶습니다. 사진 명소에 AI 카메라를 설치하는 것입니다. AI가 사람의 얼굴과 몸을 인식하고, 가장 멋진 구도를 찾아 자동으로 사진을 찍어 주는 서비스입니다. AI는 유명 사진작가의 사진과 SNS에서 인기 있는 사진들을 학습한 덕분에 근사한 사진을 손쉽게 찍을 수 있습니다.

* **내 아이디어의 장점 소개하기** 이 AI 카메라가 사진 명소에 설치되어 있다면 혼자 여행하는 사람, 친구들끼리 우정 사진을 찍고 싶은 사람, 가족사진을 남기고 싶은 사람 모두가 편리하게 멋진 사진을 찍을 수 있습니다. 다른 사람에게 부탁하지 않아도 되고, 찍은 사진이 마음에 들지 않아 다시 부탁하는 일도 없어 매우 편리할 거라 생각합니다.

할머니·할아버지의 즐거운 인생을 위해

노인을 위한 서비스를 기획해 볼까?

예전에는 60세만 넘어도 할아버지·할머니로 불렸지만 지금은 달라요. 건강, 미용, 의학 기술이 발전하면서 사람들은 예전보다 훨씬 오랫동안 건강하게 살고 있지요. 몸에 좋은 음식을 먹고, 매일 운동을 하고, 건강 검진도 자주 받아요. 게다가 질병을 치료하는 기술이 발전하면서 100세 시대가 현실이 되었어요.

단순히 오래 사는 것을 넘어 노후를 재미있고 활기차게 보내는 어른이 늘어나고 있어요. 그래서 60세 이후를 '제2의 인생'이라고도 불러요. 주변을 둘러보세요. 트로트 가수의 팬이 되어 콘서트도 가고, 응원 봉을 흔들며 굿즈를 모으고, 좋아하는 노래를 스트리밍해서 듣고, 팬카페에서 소통하는 할머니가 드물지 않아요. 젊었을 때 일하느라 시간이 없었던 할아버지가 은퇴한 후에 세계 여행을 떠나거나 새로운 언어를 공부하는 예도 있지요. 요즘은 스마트폰도 척척 다루며 SNS로 손주들과 소통하는 할머니, 유튜브에서 자신만의 채널을 운영하는 할아버지도 있답니다.

노인 인구가 늘면서 '실버산업'이 급부상하고 있어요. 실버산업은 노인을 위한 서비스나 제품을 만드는 산업이에요. 우리 할머니·할아버지가 더 즐겁고 건강하게 생활하려면 어떤 서비스가 필요할까요? 그리고 미래에는 어떤 재미있는 실버산업이 등장할까요? 한번 상상해 봐요.

아이디어를 떠올리기 위한 도움 자료

배움에 늦은 나이는 없다, 공부하는 노인을 위한 서비스

'구몬 액티브라이프'라는 노인용 학습지가 있어요. 학습지로 국어, 수학, 영어, 일본어, 중국어, 한자 등 여러 과목을 배울 수 있어요. 교양, 건강, 문화 등 새로운 정보를 얻을 수 있는 노인용 잡지도 있어요. 할머니·할아버지가 직접 가서 수업을 듣는 '노인대학'에서는 국어, 역사, 미술, 건강, 외국어 등 다양한 과목을 배울 수 있어요. 실습 강좌와 현장 체험 학습도 있어 새로운 경험을 할 수도 있어요. 부산광역시 '하하 캠퍼스'처럼 일반 대학 안에 노인 전용 캠퍼스를 두는 곳도 있어요. 공부하면서 친구도 사귀고 두뇌도 건강하게 유지할 수 있어 '일거양득'인 캠퍼스죠.

건강 관리는 필수, 노인을 위한 각종 건강 서비스

노인 전용 헬스장이 있어요. 서울시 강남구에 있는 한 노인종합복지관에서는 AI가 운동 기구의 무게를 자동으로 조절하고, 이용자의 운동량과 근육 상태를 분석해 줘요. 운동을 도와주는 트레이너 선생님도 계셔서 안전하게 근력을 키울 수 있죠. 노인용 돌봄식인 '연화식(씹기 편한 음식)'과 '연하식(삼키기 편한 음식)'도 있어요. 많은 기업이 영양을 유지하되 부드러운 식감을 살린 음식을 개발하고 있어요. 마지막으로 새로운 경로당 서비스를 소개할게요. 요즘 경로당은 쉼터 기능뿐 아니라 몸을 신나게 움직일 수 있는 프로그램도 제공해요. 'M2'라는 스마트 헬스 뮤직 시스템을 이용하면 음악에 맞춰 체조할 수 있어 더 활기차게 운동할 수 있어요. 일본에서도 이런 '건강 가라오케'가 큰 인기를 끌고 있다고 해요.

열심히 일한 당신 즐겨라, 노인을 위한 여가·레저 서비스

여행사도 다양한 노인 전용 상품을 출시해요. 또래 친구들과 함께 여행을 떠나서 맛있는 음식을 먹고, 새로운 문화를 체험할 수 있도록 도와주죠. 공연도 노인들에게 인기 있는 여가 활동이에요. 그중 가수 임영웅의 콘서트에는 노인 팬을 위한 특별한 배려가 가득했어요. 무대가 잘 보이도록 대형 모니터를 설치하고, 편리한 화장실과 안전한 이동 통로까지 준비했죠. 또한 새로운 친구를 만들고 소통할 수 있는 노인 전용 SNS도 등장했어요. '모바일 두뇌 건강' 앱인데 전국에 있는 노인들이 서로의 일상을 공유하고, 여행 이야기나 취미 활동을 나눌 수 있어요. 할머니·할아버지가 더 재미있고 활기차게 생활하실 수 있도록 우리도 새로운 여가 서비스를 생각해 보아요.

출처: 구몬학습 홈페이지

출처: 강남구청 홈페이지

출처: 인터파크 투어 홈페이지

아이디어를 펼치고 평가하기

여러 가지 아이디어를 떠올려 봐요

- 건강, 안전, 문화, 여가, 레저, 편의, 교육 등 여러 분야를 고려해요.
- 헬스장, 음식점, 카페, 공공 서비스 기관, 주거 등 다양한 장소를 떠올려 봐요.
- 평소 우리 할머니·할아버지가 겪는 어려움에는 어떤 것들이 있는지 여쭈어보아요.

떠오르는 생각을 전부 적어 봐요

내가 생각한 아이디어 Top 3

내가 생각한 Top 1 아이디어를 평가해요

- 실현할 수 있는 아이디어인가요? ☆☆☆☆☆
- 너무 복잡하지 않은 쉽고 간단한 아이디어인가요? ☆☆☆☆☆
- 흔하지 않은 독창적인 아이디어인가요? ☆☆☆☆☆
- 할머니·할아버지께 도움이 되는 아이디어인가요? ☆☆☆☆☆

여기서 잠깐 **할머니·할아버지를 위한 배려가 필요해요**

한국도 초고령 사회로 접어들면서 노인 인구가 점점 늘어나고 있어요. 하지만 안타깝게도 노인을 배려하지 않는 사례가 함께 증가하고 있어요. 어떤 호텔의 피트니스 센터에서는 76세 이상의 노인은 회원으로 등록할 수 없다고 해요. 업체는 안전사고를 예방하기 위해서라고 말하지만 노인 차별이라는 비판이 이어졌죠. 작은 글씨와 복잡한 화면 구성 탓에 키오스크(무인 주문기)를 이용하는 데 애를 먹는 노인도 많아요. 기차표나 버스표를 살 때도 비대면 예매 방식이 늘면서 스마트폰 사용이 익숙하지 않은 노인은 표를 예매하기가 무척 힘들어졌죠. 이처럼 신기술이 빠르게 발전하면서 노인들이 점점 소외되고 있어요. 할머니·할아버지도 우리와 함께 편리하고 행복한 삶을 누릴 수 있도록 배려해야 하는데 말이죠. 새로운 상품이나 서비스를 만들 때도 노인이 쉽게 사용할 수 있는지 고려해야 해요.

"60세 이상 어르신 출입 제한" '노시니어존' 인권 차별 논란(출처: KBS 뉴스 유튜브)

나만의 아이디어를 제안하는 글을 써 보세요

 **여러분은 아래 예시보다 내용은 풍부하게, 분량은 길게 써 주세요**

* **문제 상황 알려 주기**   우리 할머니·할아버지는 저에게 스마트폰에 무언가를 설치해 달라고 하시거나, 집에서 드라마나 영화를 편하게 볼 수 있는 방법을 물어보시거나, 운전하면서 블루투스로 음악을 듣고 통화하는 방법을 알려 달라고 하십니다. 앞으로 기술이 더욱 발전할 텐데, 새로운 기술이 낯선 노인들은 점점 불편함을 느끼고 뒤처지게 될 것입니다.

* **내 아이디어 설명하기**   그래서 저는 노인들도 의무적으로 스마트 기기 사용 교육을 받으면 어떨까 하는 아이디어를 떠올렸습니다. 지금도 평생교육원이나 주민센터에서 운영하는 다양한 프로그램이 있지만 어디까지나 선택 사항일 뿐입니다.

* **내 아이디어의 장점 소개하기**   일정한 나이가 되면 반드시 스마트 교육을 받도록 의무화한다면, 새로운 기술과 서비스를 더 쉽게 배우고, 젊은 사람들과의 정보 격차도 줄일 수 있습니다. 게다가 스마트폰 사기나 보이스 피싱 같은 범죄에 더 안전하게 대처할 수 있고, 꾸준히 배우면서 치매 예방에도 도움이 될 수 있습니다. 또한 정기적으로 교육을 받으러 다니다 보면 새로운 친구도 사귀고, 더 활기차고 즐거운 삶을 살 수 있을 거라 생각합니다. 이러한 장점들을 고려할 때 노인 의무 교육이 필요하다는 생각이 듭니다.

32 점점 다양해지는 가족 형태

우리 학교의 배려 지수는?

가족 형태가 다양해지고 있어요. 엄마·아빠가 아니라 할머니·할아버지와 사는 조손 가정, 엄마나 아빠 중 한 명과 사는 한 부모 가정, 한국인과 외국인 부모 사이에서 태어난 다문화 가정도 많아요. 가족 형태가 다양해지는 만큼 학교에서도 배려가 필요해요.

선생님은 올해도 신입생 예비 소집일에 다양한 가족을 만날 수 있었어요. 그중에는 할머니와 아이가 단둘이 사는 가정도 있었는데, 학교 알림장이 앱으로만 전달되니 스마트폰이 익숙하지 않은 할머니가 무척 난감해했어요. 또 베트남 엄마와 아이가 함께 사는 가정이 있었는데 한국어를 잘 모르는 엄마가 공지를 이해하지 못해 아이가 소풍 날 도시락을 못 챙겨 오기도 했어요.

가족 형태는 점점 다양해지는데 학교는 아직 준비가 부족해요. 어떤 형태의 가족이든 아이의 학교생활을 이해하고 쉽게 도울 수 있어야 하며 아이들도 불편함 없이 학교에 다닐 수 있도록 학교의 '배려 지수'를 점점 높여야 해요. 이제 학교뿐 아니라 교육청, 더 나아가 나라 전체가 함께 머리를 맞대고, 다양한 가족이 행복하게 학교에 다닐 방법을 고민해야 할 때예요. 여러분도 이 문제에 대해 함께 생각해 보면 좋겠어요.

우리 주변의 가족 형태와 지원 사례

어떤 지원이 이루어지고 있을까? – 한 부모 가정, 조손 가정

국가에서는 한 부모 가정이나 조손 가정에 매달 일정한 금액을 지원해요. 이 돈은 식비나 학용품처럼 꼭 필요한 곳에 쓰일 수 있어서 생활에 큰 도움이 돼요. 또한 상담 서비스, 직업 훈련, 교육 프로그램 같은 서비스도 함께 제공해요. 상담 서비스는 마음이 힘들 때 누군가에게 고민을 말할 수 있게 도와주고, 직업 훈련 프로그램은 부모님이 새로운 기술을 배워 일자리를 가질 수 있도록 도와주죠. 가족 스스로 살아갈 수 있도록 힘을 키워 주는 거죠. 물론 모든 한 부모 가정과 조손 가정이 어려움을 겪는 건 아니에요. 행복하고 안정된 생활을 하는 가족도 많아요. 편견을 갖지 말고, 서로 이해하고 배려하는 마음을 가져야 해요.

어떤 지원이 이루어지고 있을까? – 다문화 가정

다문화 가정 아이도 점점 많아지고 있어요. 다문화 가정 아이가 학교에 잘 적응하고 건강하게 자랄 수 있도록 우리 사회는 어떤 도움을 주고 있을까요? 먼저 입학 전에 학습 적응을 돕기 위해 전국 가족센터에서는 '다배움 프로그램'을 운영해요. 한국어와 부모님의 모국어를 함께 배울 수 있는 이중 언어 교육도 해요. 두 가지 언어를 모두 잘하면 나중에 외국에서 일하거나 친구를 사귈 때 굉장한 도움이 되죠. 심리 상담, 또래 상담, 진로 상담도 제공해요. 친구들과 잘 지내고, 미래의 꿈도 함께 찾아갈 수 있도록 도와주는 거죠. 우리도 관심을 가지고 응원하면 좋겠죠?

꼭 필요했던, 학교 적응을 위한 가정 통신문 번역 서비스

다문화 가정의 외국인 부모님들을 보면 국적이 다양해요. 그런데 학교에서 나눠 주는 가정 통신문이나 학교 행사 안내문이 모두 한국어로 되어 있으면 부모님이 읽을 수 없을 거예요. 그래서 등장한 멋진 서비스가 있는데, 바로 가정 통신문 번역 서비스예요. 이 서비스는 다문화 가정의 부모님이 자녀의 학교생활을 더 잘 이해할 수 있도록 중국어, 베트남어, 영어, 일본어 등 14개 언어로 번역된 가정 통신문을 제공해 줘요. 입학 설명회나 발표회 같은 학교 행사 때 필요한 통역, 실시간 전화 상담 통역, 학기 중간에 한국에 온 친구들을 위한 맞춤 통역도 지원된대요. 이 서비스를 통해 다문화 가정도 학교와 더 잘 소통할 수 있어서, 학교 적응이 훨씬 쉬워질 것 같아요. 지금은 극히 일부 지역에서만 실시되고 있지만, 이런 실질적인 지원이 더 많이 확대되면 좋겠어요.

출처: 은평구 블로그

아이디어를 펼치고 평가하기

여러 가지 아이디어를 떠올려 봐요

- 내가 부모님 없이 할머니·할아버지와 살게 된다면 학교생활에 어떤 어려움이 있을까요?
- 내가 우리나라가 아닌 다른 나라에서 학교에 다닌다면 어떤 점이 어려울까요?
- 우리 반에 다문화 가정 아이가 있다면 평소에 어떤 어려움을 겪을지 떠올려 봐요.

떠오르는 생각을 전부 적어 봐요

내가 생각한 아이디어 **Top 3**

내가 생각한 **Top 1** 아이디어를 평가해요

- 실현할 수 있는 아이디어인가요? ☆☆☆☆☆
- 너무 복잡하지 않은 쉽고 간단한 아이디어인가요? ☆☆☆☆☆
- 흔하지 않은 독창적인 아이디어인가요? ☆☆☆☆☆
- 다양한 형태의 가족에게 도움이 되는 아이디어인가요? ☆☆☆☆☆

여기서 잠깐 **선생님의 경험담을 공유해요**

선생님은 지금 캐나다에서 아들과 함께 생활해요. 아들이 캐나다 초등학교에 다니다 보니 선생님이 다문화 가정의 입장이 되었어요. 그러면서 그동안 몰랐던 불편한 점을 직접 겪게 되었어요. 학교에 처음 갔던 날, 교무실에 가도 학교에 관해 설명해 주는 선생님이 아무도 없었어요. 그래서 무엇을 준비해야 할지도 몰랐지요. 캐나다는 우리나라처럼 급식이 없어서 도시락을 싸 가야 해요. 그런데 한 달에 한 번 학교에서 점심을 주는 날인 '핫런치(hot lunch)'가 있더라고요. 하지만 선생님은 이 사실을 전혀 몰랐어요. 미리 핫런치를 신청해야 한다는 것도요. 결국 선생님 아들은 그날 도시락을 챙겨 갔고, '핫런치'를 먹는 다른 아이들 사이에서 혼자 도시락을 먹는 게 부끄러워 점심도 못 먹고 왔답니다. 수업을 마치고 학교에서 나온 아들은 저를 보자마자 펑펑 울었어요. 만약 학교에서 처음 온 가족에게 '핫런치'가 뭔지, 어떻게 신청하는지 자세히 알려 줬다면 이런 일이 생기지 않았을 텐데 하는 아쉬움이 남아요.

나만의 아이디어를 제안하는 글을 써 보세요

여러분은 아래 예시보다 내용은 풍부하게, 분량은 길게 써 주세요

* **문제 상황 알려 주기** 요즘은 가족의 모습이 참 다양해졌습니다. 엄마·아빠 대신 할머니·할아버지와 함께 사는 조손 가정, 한 부모 가정, 다문화 가정 등이 점점 늘고 있습니다. 그런데 학교에서는 아직 이런 가족들을 충분히 배려하지 못하는 것 같습니다. 저는 특히 조손 가정에 집중해 보고 싶습니다. 요즘 학교는 가정 통신문을 비롯해 학급 공지나 소식도 모바일 앱으로 보냅니다. 방과 후 수업도 온라인으로 신청합니다. 그런데 스마트폰 사용이 익숙하지 않은 할머니나 할아버지는 중요한 소식을 놓치기 쉽습니다.

* **내 아이디어 설명하기** 조손 가정을 위한 경제적인 지원도 좋지만, 생활하는 데 필요한 구체적인 도움도 필요하다고 생각합니다. 학교에 다니다가 '학부모 연수'라는 것을 본 적이 있습니다. 학부모를 위한 강연이나 만들기 수업 등으로 구성된 다양한 프로그램이라고 합니다. 저는 학부모 연수 중 일부 연수는 할머니·할아버지 보호자를 위한 시간으로 편성할 것을 제안합니다. 이 시간에는 학교 앱 설치법이나 사용 방법을 친절하게 알려 주고 실습하면 좋을 것입니다.

* **내 아이디어의 장점 소개하기** 이를 통해 할머니·할아버지도 손주의 학교생활을 더 잘 도와줄 수 있고, 담임 선생님과도 더 쉽게 소통할 수 있을 것입니다. 조손 가정 아이에게 실제로 큰 도움이 되는 방법이라고 생각합니다.

또 어떤 문제가 있을까?

직접 실생활 문제를 찾아봐!

실생활 문제를 찾는 데 도움이 돼요

- 내가 평소에 느꼈던 불편함에 대해 생각해 봐요.
- 우리 가족이나 친구 등 내 주변 사람들이 느꼈던 불편함 또는 불만에 대해 생각해 봐요.
- 최근 뉴스나 인터넷 영상 등을 통해 접한 중요한 사건을 떠올려 봐요.

지금 떠오르는 문제를 다양하게 적어 봐요

> 앞서 한 생각 중 내가 해결하고 싶은 생활 속 문제는 무엇인가요?

> 특히 이 문제를 선택한 이유는 무엇인가요?

> 해결 방안을 떠올리는 데 도움이 돼요

- 내가 선택한 문제에 대해 인터넷 검색을 해요.
- 내가 생각한 어려움 외에 어떤 어려움이 있는지 좀 더 조사해요.
- 이 문제를 해결하는 방안에는 어떤 것들이 있는지 찾아봐요.
- 인터넷 뉴스, 유튜브 동영상 등에서 찾을 수 있어요.
- 자료를 찾을 때는 공식 뉴스 채널과 전문가 채널 등 신뢰할 수 있는 곳을 방문해요.

> 나만의 해결 방안을 생각해 봐요

- 기존 해결 방안을 살짝 변형해 볼 수 있어요.
- 기존 해결 방안 중 아쉬운 부분이 있다면 보완해 볼 수 있어요.
- 문제를 해결하기 위해 지금 당장 내가 할 수 있는 일은 무엇일지 생각해 봐요.

떠오르는 생각을 전부 적어 봐요

내가 생각한 아이디어 Top 3

내가 생각한 Top 1 아이디어를 평가해요

- 실현할 수 있는 아이디어인가요?
- 너무 복잡하지 않은 쉽고 간단한 아이디어인가요?
- 흔하지 않은 독창적인 아이디어인가요?
- 내가 생각한 문제를 해결하는 데 도움이 되는 아이디어인가요?

여기서 잠깐 — 초등학교 6학년 아이들이 이런 문제를 스스로 발견하고 해결했어요

한 팀은 시각 장애인을 위한 교과서가 부족하다는 걸 알아냈어요. 그래서 시각 장애인을 위한 디지털 교과서를 떠올리고, 엔트리 코딩으로 직접 구현했죠. 또 다른 팀은 학교에서 전기가 낭비되는 게 문제라고 여겼어요. 지난달 학교 전기세를 알아보고, 전기 절약 캠페인을 한 뒤 이번 달 전기세와 비교했답니다. 어떤 팀은 바다를 오염시키는 큰 원인이 버려진 어업용 그물이라는 걸 발견했어요. 그래서 '그물 실명제'라는 멋진 아이디어를 냈죠. 또 다른 팀은 핸드폰 충전이 다 끝났는데도 계속 콘센트에 꽂아 두는 걸 문제라고 생각했어요. 충전이 끝나면 자동으로 알림을 주고, 바로 뽑으면 보상을 주는 코딩 프로그램을 만들었답니다. 노인 일자리 부족 문제에 관심을 가진 팀도 있었어요. 이 팀은 노인을 도와주는 인공 지능 비서를 직접 기획하고 코딩으로 구현하기도 했죠. 이처럼 주변을 꼼꼼히 관찰해서 작은 불편함이나 문제를 발견하면 누구나 멋진 아이디어를 떠올릴 수 있어요.

나만의 아이디어를 제안하는 글을 써 보세요

글쓰기 가이드 문제 상황 설명하기 → 문제를 해결할 수 있는 아이디어 설명하기 → 내 아이디어의 장점 언급하기